ブックデザイン　鈴木成一デザイン室

海峡を越えた怪物　目次

凡例

＊本文中の敬称は原則、省略します。

＊人物の肩書き、企業名、地名などは原則的に当時のものとし、（　）内で適宜補足しました。地名、人名については通用の表記に従って、旧字、異体字のままとしたものもあります。

＊書籍、新聞、公文書の引用に際しては、読みやすさを考慮し、旧漢字を新字にするなど簡略化することをお断りします。

序章　日韓をつないだ政商の「血と骨」

日本と韓国は、出口の見えない相互不信に陥ったまま、拗《こじ》れた関係が続いてきた。韓国発のエンターテインメントは、日本に第四次韓流ブームを齎《もたら》し、若者層を中心に大衆文化では結びついて見えるが、従軍慰安婦や徴用工を巡る歴史認識の相違に起因する対立は〝戦後最悪〟の状態で、リーダーシップを発揮できない両国政府は互いに妙手を見つけられないでいた。

韓国政府は二〇二三年三月六日、元徴用工を巡る訴訟について、日本企業に命じられた賠償分を韓国の財団が肩代わりする「解決策」を発表。日本側もこれを好意的に受け止めたことで、約五年ぶりに日本で日韓首脳会談が実現した。外交や安全保障だけでなく、経済面での日韓関係の雪解けに向けた期待は高まりつつある。だが一方で、依然として一部の韓国世論の反発は根強く、解決策の今後の履行についても予断を許さない状況が続く。根本的な決着にはまだまだ程遠い。

戦後の日韓関係を紐解くと、両国の外交が停滞した節目には、必ずと言っていいほどパイプ役となる大物の存在があった。〝昭和の妖怪〟と畏れられた岸信介元首相の懐刀だった「国策研究会」の矢次一夫がそうであったように、その足跡は正史の年表に刻まれることはないが、外交のバックチャンネルとして両国の潤滑油の役割を果たしてきた。それが一九六五年の日韓国交正常化につながり、延《ひ》いては韓国の経済成長である〝漢江《ハンガン》の奇跡〟の礎を築く原動力となった。

華やかな表舞台をひと皮めくると、その裏面には、かつて〝日韓癒着〟と呼ばれた巨大プロジェクトを巡る疑惑が存在した。日本が八千万ドルの借款を供与したソウルの地下鉄建設では、日本の商社が媒介となり、その過程で車両の納入額が相場の二倍に跳ね上がる一方、不明朗なカネが当時の朴正熙《パクチョンヒ》政権に流れ、日本政界にも還流したと国会でも疑惑追及が行なわれた。

日本の保守勢力と韓国の軍事政権との癒着に注目が集まったものの、結局、真相解明には至らず、すべては疑惑のまま歴史の闇に埋もれていった。

近いようで遠く、遠いようで近い。日本と韓国の距離感は、今も昔も変わっていない。その複雑な関係を鮮烈に浮かび上がらせたのが、二〇二二年七月八日に奈良市内で参院選の街頭演説中に発生した安倍晋三元首相の射殺事件だった。

凶行の引き金となった「世界平和統一家庭連合（旧統一教会）」と安倍元首相との密接な関係を繰り返しメディアが報じ、焦点は自民党と旧統一教会、さらにはそのルーツへと向かった。東西冷戦が激しさを増し、ベトナム戦争が泥沼化していくなかで、拡大する共産主義勢力に対抗する動きの一端として、旧統一教会の創始者、文鮮明《ムンソンミョン》が一九六八年に反共産主義の政治団体「国際勝共連合」を設立。そこを舞台に、朴正煕大統領や韓国ロビーと呼ばれる親韓派の面々が交錯する人脈は、岸信介を起点に、後継であった福田赳夫元首相や岸を岳父に持つ安倍晋太郎元外相に波及し、岸家・安倍家三代にわたる因縁へと続いていく。

こうした日韓現代史の暗部では、大物右翼として知られた笹川良一や児玉誉士夫といったフィクサーや政官財界の怪人脈が蠢《うごめ》いたが、なかでも異彩を放っていたのが、ロッテの重光武雄だった。一代で日韓を跨ぐ巨大企業グループを作り上げ、千葉ロッテマリーンズと韓国ロッテ・ジャイアンツという二つのプロ野球球団を持ち、実業家としてこれ以上ない成功を収めた伝説の男。だが、彼には、〝政商〟として日韓関係の裏舞台を操る、もう一つの貌《かお》があった。

日韓だけでなく世界各国に知られた「ロッテ」という商標とともに、誰もが身近にロッテの商品を知っている。しかし、マスコミ嫌いで知られた重光はオーダースーツに身を包み、パイプを燻《くゆ》らせるフィクサー然とした佇《たたず》まいで、多くを語らない謎めいた存在だった。

日韓両国に幅広い人脈を持ち、「日韓外交の怪物」と呼ばれた韓国人学者、崔書勉《チェソミョン》は、『崔書勉と日韓の政官財学人脈――韓国知日派知識人のオーラルヒストリー』のなかで、ロッテが日韓関係に果たした役割について、こう語っている。

〈自民党や民社党の代議士へも宿舎、車両、マンパワーなどで便宜を提供してくれました。陰に陽にロッテのおかげで韓国に来て、無理なく来られたことに大きく貢献したんじゃないか。ロッテの力もはずすわけにいかないんじゃないか。そこいらの小さい政党よりは、もっと大きく貢献したんじゃないか〉

さらに崔は、重光が韓国の「ＫＣＩＡ」の退職者に最も信頼を置き、彼らを反共の同志としてロッテに雇い入れたことで、ロッテの韓国進出が非常にスムーズにいったと述べている。ＫＣＩＡとは、朴政権時代に創設された大統領直轄の「中央情報部」

のことで、一九七三年に発生した金大中《キムデジュン》拉致事件にも関わった秘密組織として知られている。

重光は日本では岸信介や福田赳夫らと気脈を通じ、韓国では朴政権の中枢と深く関わり、その後も日韓の狭間《はざま》を自在に遊泳してビジネスを成功に導いた。まさに日韓の相克を生きた〝政商〟だった。彼の足跡は私がかねてから追ってきたテーマでもあった。

興味を持ったきっかけは、二〇〇二年十月当時、週刊ポストの記者だった私が、担当編集者から手渡されたビラだった。

この頃、西新宿のロッテ本社前には、五十代の女性が連日のように姿を現し、プラカードを首から下げて抗議行動を繰り返していた。複数のロッテ社員に取り囲まれた彼女が手にしていたのが、このビラだった。担当編集者はそれを入手し、彼女が訴えている内容が事実か否か、その確認取材を依頼してきたのだ。

「重光武雄へ」という言葉で始まる文面には、彼女がＫＣＩＡの元部長、李厚洛《イフラク》から与えられたマンションと五千万円の小切手を重光が奪ったことへの恨み節が綴られていた。三十年以上前の出来事だったが、その手掛かりを求めて、まずは法務局に行き、彼女が主張するマンションの部屋の所有者を過去に遡《さかのぼ》って調べた。取得した登記簿を精査したところ、その部屋は、愛知県在住の男性の一族が長く所有しており、ロッテとは全く関係がなかった。随分のちになって、そこには〝誤解〟があったことが判明するのだが、この時点では彼女の話の信ぴょう性には疑義があると判断せざるを得なかった。そのうち、彼女の抗議行動もピタリと止み、その行方も杳《よう》として知れなくなってしまった。

それから十年後。週刊文春の記者になっていた私の元に、今度はロッテと重光の知られざる過去に纏《まつ》わる情報が舞い込んできた。重光が本名の辛格浩《シンキョクホ》からロッテの重光武雄として生きる原点に遡る内容だったが、それが記事として陽の目を見たのは二〇一五年、ロッテに経営権争いが勃発してからのことである。

重光の後継を巡って長男と次男が激しく対立。そのバトルは内紛劇へと発展し、私は「特別読物　日本に憧れた父と韓国を選んだ次男　ロッテ重光一族の『血と骨』」というタイトルで週刊文春（九月三日号）に記事を書き、その後も継続して取材を続けた。

ロッテは朴政権の終焉《しゅうえん》後、クーデターによって再び軍事政権を築いた全斗煥《チョンドファン》元大統領の時代にますます発展を遂げ、韓国の財閥入りを果たした。重光はその後も大統領が変わるたびに必ず太いパイプ役を見つけ、歴代ほぼすべての大統領とつながりを持った。日本とは違う政治風土のなかで、彼がその術を身に付けることができたのは、ひとえに軍事政権の凄まじい権力闘争を目の当たりにしてきたからに他ならない。

朴正熙は、最側近と呼ばれた李厚洛に信を置く姿勢を見せながら、彼が財閥企業などから集めた政治資金を密かに調べさせ、実際の献金額との差額を不正に蓄財している実態を知っても重用し続けた。そして疑心暗鬼と裏切りが渦巻くなか、陰謀を巧みに利用して自分への忠誠を揺るぎないものにした。権力に憑かれた者が、盗聴と拷問によって主導権を握り、欲望を剝き出しにして次の政権を奪取していく。軍事政権とは、ある意味で狂気の時代だった。

朴正熙暗殺から全斗煥大統領時代の激動の権力争いを生々しく描いたドラマがある。かつて第二次安倍政権時に、安倍は森友学園の用地取得や加計学園の獣医学部新設を巡る疑惑、いわゆる「モリカケ」問題で、野党とメディアから激しい追及を受けた。その頃、安倍は私邸に帰り、全四十一話から成る韓国のドラマ「第5共和国」にのめり込んでいたという。そこには朴正熙に忠誠を誓う軍内の私的組織「ハナフェ」（一心会）なる親衛隊が登場する。それは安倍一強を支えた側近政治の象徴、経済産業省出身者や警察庁出身者などからなる〝官邸官僚〟のようでもあった。心を一つにして、君主を守る――。

重光が作り上げたロッテという組織もまた、異能の経営者をトップに戴く鉄壁の集団だったが、内部には常に後継者を巡る疑心暗鬼の火種が燻《くすぶ》っていた。

知られざる日韓の政商、重光武雄が残したものとは何だったのか。その深淵に迫ってみたい。

第一章

八十三円を握りしめて

臨海地区の〝墓標〟

ＪＲ京葉線の葛西臨海公園駅を降りて南側に出ると、眼前には緑豊かな公園が広がる。広大な敷地にはバーベキュー広場や水族館、鳥類園などもあり、休日ともなれば家族連れで賑わう。人気の大観覧車を目指して右手に進むと、五分も歩けば、駅の北側へとつながる臨海橋が見えてくる。橋の下には首都高湾岸線と湾岸道路が通り、ひっきりなしに走り抜けていく乗用車やトラックの騒音が耳を衝く。

橋のアーチの真ん中当たりまで進むと、南側とは打って変わり、北側には巨大な物流ターミナルの駐車場が広がり、その向こうに都内屈指のゴルフ練習場として知られる「ロッテ葛西ゴルフ」が見て取れる。

東京都江戸川区臨海二丁目――。

この一帯に広がる約十九万二千㎡に屋内テーマパークやホテル、商業施設を併設する「ロッテワールド東京」という複合都市開発の計画があったことを知る人は、今ではほとんどいない。一時は近隣に「ワールド葛西店」と名を付けられたコンビニが辛うじてその名残をとどめていたが、数年前に店ごと姿を消した。

それはロッテの創業者である重光武雄が、一九八〇年代から構想し、何度も計画変更を余儀なくされながら、決して諦めなかった巨大プロジェクトだった。八九年には故郷である韓国の首都・ソウルに念願のロッテワールドを開園し、年間約六百万人の入場者を集めた。その勢いで日本でも前のめりに計画を進めてきた。

当時の日本は八三年に、ロッテワールド東京の予定地から程近い場所に「東京ディズニーランド」がオープン。わずか一年で一千万人を超える入場者を記録し、一躍テーマパークがブームになった。バブル景気の波にも乗って、北海道・帯広で「グリュック王国」、長崎で「ハウステンボス」、「新潟ロシア村」、熊本「アジアパーク」、「柏崎トルコ文化村」、「倉敷チボリ公園」、「富士ガリバー王国」など、各地でテーマパークが乱立した。だが、九〇年代後半になると失速し、大半は閉園に追い込まれた。

バブル崩壊の影響で経済が冷え込むなか、重光は「この不況下でも三千五百億円を投資する」とぶち上げた。そして二〇〇四年の完成に向け、すでに基本設計が出来上がり、着工に向けて動き始めていると豪語した。

しかし、〇一年に東京ディズニーランドの隣に「東京ディズニーシー」がオープンすると「周辺の集客施設の状況が変わった」として着工の延期を正式に発表。実現の可能性は風前の灯《ともしび》かと思われたが、重光は〇五年になってもメディアの取材には「絶対にあきらめない」と強気の姿勢を崩さなかった。

それから十八年。長い年月が過ぎ、重光は二〇二〇年一月十九日に九十八歳でこの世を去った。建設予定地は、広漠としたなかをトラックが行き交い、ロッテワールド東京建設までの暫定的な措置として建てられた「ロッテ葛西ゴルフ」だけが取り壊されることもなく、今も営業を続けている。

その景色が一望できる臨海橋から少しだけ身を乗り出し、首都高湾岸線に目を落とすと、そこには二つの中央分離帯に、それぞれコンクリートの柱が道路に並行に建てられている。高さ約四メートル、横幅は約三メートル。柱があると知らなければ、決して人が目を向けることもない。

事情を知るロッテOBによれば、この柱は、葛西臨海公園の駅からロッテワールド東京のエントランス付近まで延びる「動く歩道」を作るために、着工に先立って建てられたものだという。柱を先に建てておかなければ、いざ建設が始まっても、その導線を確保できなくなるからだったが、計画が中止となった今、この柱には何の価値もない。建立されたのは首都高湾岸線の建設前だったが、その建設中には役所からは再三撤去の申し入れがあった。それでもロッテ側は頑として譲らなかった。その結果、柱を避けるように首都高湾岸線が完成すると、もはや撤去することも不可能な状態で、放置するしか手はなかった。

長年の雨風に晒《さら》され、少し変色したコンクリートの柱は、かつての情熱が冷めたかのようなひんやりとした印象だけが残る。唯一のロッテワールド東京の〝証《あかし》〟。重光には池上本門寺に約二億円をかけて生前から用意した立派な墓があるが、むしろこの二本の柱こそが九十八年の生涯を駆け抜けた重光の墓標のようでもあった——。

貧しい村落に生まれて

釜山から北へ約七十キロ、韓国南東部にある慶尚南道・蔚山《ウルサン》（蔚州郡三同面）。日本で重光武雄として知られた男は、この地で、本名の辛格浩として生を受けた。戸籍上の生年月日は日本統治下の一九二二年十月四日。しかし、彼の実際の誕生日は、前年の十一月三日とされている。その日は雪が降り積もっていたと伝えられていたことから、戸籍上の誕生日である十月初旬に積雪があったとは考えにくく、ある時期からは前年に誕生したという話が定説になった。戦前は乳児死亡率が今とは比べ物にならないほど高く、出生後、すぐに届け出をする習慣も定着していなかったようで、彼が意図して出生時期を誤魔化していた訳ではない。ただ、その実年齢の曖昧さが、重光の捉えどころのなさの原点のようでもあった。

蔚山は今でこそ韓国最大の工業都市として知られているが、当時は農漁業が主な産業で、重光の生家は山間《やまあい》にある集落の貧しい農家だった。父、辛鎮洙《シンジンス》は十人兄弟の長男として生まれた重光を決して褒めることはせず、幼少期からとくに厳しく躾《しつ》けていたという。

重光の十四歳年下の実弟で、四男の宣浩《ソンホ》は、日本のロッテで十三年間働いたのち、一九七三年に製麵の製造と販売を手掛ける「サンサス商事」を都内で創業して独立。今も日本で暮らしている。宣浩が当時の韓国での暮らしぶりを語る。

「両班《ヤンバン》（特権的な身分の官僚）の出だと聞かされていましたが、田舎の両班ですから貧しかったです。村のなかではまだいい方でしたが、十人以上の家族が住むにしては、家も小さかった。農家なのに、父はまったく仕事をせず、(両班が着る)麻の白い服を着て、いつもタバコの長いキセルをくわえていた。子供が騒いだらそれで頭を叩くのです。働き者の母が家族を支えていました」

母の金順必《キムスンビル》は畑仕事や田んぼの管理で、休む間もなく一年中働き、夜も内職で遅くまで作業を続けていた。しかも、病気がちだった次男、轍浩《チョルホ》の看病にも追われ、苦労を重ねた。両班と言っても名ばかりだったが、田舎暮らしは幼い子供たちにとっては楽しい日々だったらしい。時に集落から足を延ばして釜山に行くと、路面電車が走り、開けた印象に怖気《おじけ》づいたが、手持ちのお金がないため、勝手に路面電車に飛び乗って利用する術を身に付けた。周囲も似たり寄ったりの境遇で、とくに辛いと感じることもなかったという。

生家があった一帯は一九六八年に蔚山工業団地への用水供給のためにできた大巌ダムの湖底に沈んだ。しかし、成功者となった重光の手で、辛うじて生家だけは湖のほとりに移設され、柱などを削って一回り小さい形で復元されている。土壁に囲まれた敷地内には、母屋のほかに別棟の納屋や牛小屋もあり、その佇まいは当時の質素な生活を窺《うかが》わせる。

少年時代の重光は、少し離れた公立の普通学校に通った。普通学校とは、朝鮮人を対象とした日本語教育に重きを置いた初等教育機関である。重光は徒歩で集団登校していたが、川をいくつも渡り、険しい自然が残る山道を行くと、時には狼に遭遇し、肝を冷やした。のちに知人には「登下校の時に虎に襲われた人が何人もいた」と語ることもあったが、それが虎にまつわる伝説が多い韓国ならではの幼少期の脚色された記憶なのか、真実なのかは判然としない。

重光の過去のインタビュー記事を探しても、彼が朝鮮半島で暮らした少年時代について語ったものはほとんど見当たらない。辛うじて、産経新聞の記者だった藤井勇が重光の半生を綴った書籍『ロッテの秘密』に、当時蔚山にあった中国人が経営する饅頭屋で食べた蜜入りの焼き饅頭を「忘れられない味」として重光本人が懐かしむくだりがある。後年になって同じ味を探し求めてようやく見つけたものの、舌が肥えたせいで一向に美味しく感じられなかったと重光は苦笑交じりに語っている。

少年時代の重光は、野生動物が生息する手付かずの自然のなかで、貧しいながらもささやかな幸せを糧に、逞《たくま》しく育った様子が窺える。

〈父はボクにはとても厳しく、決してほめたり、おだてたりしなかった。小学校の運動会で友達が二、三十銭も小遣いをもらっているのに、ボクは十銭だけ。森永のキャラメルが一箱しか買えなかった〉（日刊ゲンダイ一九七九年四月七日付）

当時の運動会は、村をあげての応援で盛り上がり、それを目当てにした露天商も出て賑わった。そこで重光は惨めな思いを周囲に悟られないよう、決して不満を漏らすことはなかった。学校での成績はクラスで常に上位に入っていたが、父親はその成績表を見ても満足気に頷くだけで、決して大げさに喜ぶことも、褒めることもしなかったという。

故郷はダム底に沈んだが、
重光によってその付近に生家が復元された（重光宏之氏提供）

すべてを捨てて日本へ

率先して家事を手伝い、弟の面倒も見なくてはならない多忙な日々のなかで、その頃の重光の数少ない楽しみの一つが、日本から齎される娯楽だった。講談社が発行する大衆娯楽雑誌「キング」はとくにお気に入りで、そこに載っていた日本の小説に夢中になり、当時すでに小説家を志していた。そして将来への一筋の希望を実現するために、故郷を出て日本で学問を身に付けたいという思いが芽生え始めていた。父親に対して、その気持ちを率直に打ち明けたこともあるが、言下に否定され、父親の望む進路を選ぶしかなかった。

地元の農業学校を卒業してからは農業種畜場で働き始めた。それから一年も経たないうちに、重光は十八歳で、近隣で一番の富農の娘、盧舜和《ノスンファ》と結婚する。それは父親同士が話を進め、急遽《きゅうきょ》決まった政略結婚だったが、当時の重光にそれを断ることなどできるはずもなかった。

新婚生活が始まっても、暮らしが一気に好転することはなく、大家族に嫁いだ妻の気苦労は募るばかりだった。当てにしていた妻の実家からの支援も得られず、職場では未来への希望が見出せない焦燥感が募り、次第に重光のなかでは封印していた思いが沸々と湧き上がっていた。そして一九四一年、重光は身重の妻や両親に何も告げることなく、忽然《こつぜん》と姿を消す。釜山から関釜連絡船に乗り、日本に渡ったのだ。

家出同然で飛び出した重光の所持金は、わずか八十三円だったという。

重光から当時の事情を聞かされたロッテの元専務が語る。

「重光さんがいた種畜場に日本から渡って来た獣医出身の場長がいました。大津さんという方で、彼は礼儀正しく、頭もいい重光さんのことを高く評価し、『彼（重光）をこのまま農場の作業員にしておくには惜しい』と言って、日本行きの手配をしてくれたそうです」

地元の警察署長に渡航許可をもらい、重光は実家を後にした。

その頃、長男の突然の失踪を知った重光家は騒然となった。

弟の宣浩が述懐する。

「まだ幼かった私にも、大変なことが起こったということだけは分かりました。家族が亡くなったかのような重い雰囲気が漂い、父は警察に捜索願を出しました」

重光は後年になっても当時のことは「あの頃は役場の仕事を手伝うか、郵便局か、バスの運転手くらいしか仕事がなかった」と家族にさえ曖昧に話すのみだった。詳細も語る度に変わり、所持金が百二十円になることもあれば、時には十四歳で家を出たと明言することもあった。

一九八八年六月から七回にわたって朝日新聞で連載された彼の手記、「夢はペパーミントの香り」には、当時の心境などが辛うじて率直な形で綴られている。

〈卒業後、道立種畜場の技師として就職した。といっても、仕事は羊の飼育。「朝鮮半島は羊の成育にあった気候だから、毛織物の原料になる羊の育成に努めよ」というのが、当時の日本統治下での国策だったのだ。

そこで一年ばかり働いた。しかし、「このままではここでドン百姓として一生埋もれてしまう」と焦燥感にとらわれ、家を出た。一九四一年（昭和十六年）春、十八歳の時だった。持っていたのは給料の二カ月分ほどに当たる八十円。ぜがひでも日本で勉強がしたかった〉

のちに日本と韓国で売上高八兆円の巨大財閥を築き上げた男の原点。その若き日の決断は、誇らしい思い出であると同時に、忘れ去りたい原風景だったのかもしれない。彼にとって人生最大の転機であり、新たに人生を踏み出した第二幕がここから始まっていく。

しかし、希望を胸に海峡を渡った重光には、初端《しょっぱな》から厳しい現実が待ち構えていた。関釜連絡船が着岸した下関港で下船し、初めて日本に足を踏み入れると、そこで思想犯を厳しく取り締まる特高警察の洗礼を浴びることになったのだ。その男はこう声を掛けたという。

「おい、そこの学生、何をしに日本に来た？」

「勉強です」

「何の勉強だ！　共産党に入るためだろう！」

　重光は素直に答えたつもりだったが、特高の刑事は激高し、ポケットに入っているものをすべて出すよう指示して、別室で訊問を続けた。

　重光はその時のことを友人に「自分の態度が警察の癇《かん》に障ったらしく、ひどく殴られた」と打ち明けている。差別の対象である在日コリアンとしての〝苦悩〟の始まりだった。彼はこの日を境に、〝辛格浩〟から創氏改名による通称名、〝重光武雄〟として生きる道を選んだ。

　ここに一枚の戸籍謄本がある。蔚山の役所に残されていた重光の父、辛鎮洙の、手書きの除籍謄本だ。韓国では二〇〇八年に戸籍法が変わり、昔の日本と同じように戸主を中心とした一つの戸籍はなくなり、家族関係登録簿に基づく証明書になった。その頃に過去の戸籍を整理する過程で見つかったもので、書面からは〈重光〉という名前と〈昭和拾五年八月弐日〉という日付が辛うじて読み取れる。この日付は、日本の植民地政策である創氏改名の届け出期限（一九四〇年八月十日）の八日前。つまり、辛一族が創氏改名により、〝重光姓〟を名乗ることになったことを示している。重光が失踪する前年であり、彼は渡日前に与えられた〝重光姓〟を自らの意思で選び、海を渡った。そして日本で新しい人生を踏み出すために、下関から東へと向かったのだ。

その後は上京し、杉並区高円寺の学生時代の友人のアパートに転がり込んだ。東京に辿り着くまでの経緯については諸説があり、後年に彼の誘いで韓国のロッテホテルの立ち上げに関わった人物は、「神戸で、三十キロ近い貨物を船から降ろす、沖仲士の仕事をやっていたと聞いた」と語るが、その記録はどこにも残されていない。

重光は高円寺にある八帖一間のアパートで友人二人と暮らしながら、糊口を凌ぐために牛乳配達や工場の雑役、トラックの荷の積み下ろしなど様々なアルバイトを経験した。

上京してしばらく経った頃に、重光の元に警察から出頭を命じる通知が届いた。彼の父親が捜索願を出し、方々手を尽くして探したことによって、住所を突き止めたらしい。出掛けて行くと、対応した警官はこう告げた。

「君の父親が待っているから韓国に帰りなさい」

重光は担当者に繰り返し現状を説明し、何とかその場を切り抜けた。だが、再び出頭を求められる可能性は高く、その足でアパートに帰ると、すぐに荷物を纏《まと》めて家を出た。そして伝手を頼って狭い部屋を探し、家賃と学費を稼ぐため、再びアルバイトに精を出した。

その後は早稲田実業普通科の定時制に編入し、昼間は働きながら、夜は学校に通う生活を始めていくが、当時は「文系に進めば、戦争に引っ張られる」という噂が学生の間に広まっていた。戦況が悪化していくなか、朝鮮半島出身者も日本の炭鉱や軍需工場などへ強制的に動員され、徴兵の危機はすぐそこまで迫っていた。重光はやむなく作家への道を断念し、文系への進学を諦めて理系に転じていく。

そして一九四三年四月に早稲田高等工学校の応用化学科に入学する。同校は、早稲田大の理工学部と施設や教員の兼務で連携はしていたものの、あくまでも夜間三年制の各種学校として併設されていた。後年の早稲田大の卒業名簿では、〝推選校友〟の括《くく》りのなかに重光の名前が残されていたが、彼が実際に苦学して卒業したのは早稲田大理工学部ではなく、早稲田高等工学校である。

重光が入学した年の九月には、旧統一教会の創始者である文鮮明が同校の電気工学科を卒業している。当時は韓国からの学生も一定数いたが、文と重光はこの学校で、半年だけ同じ時間を過ごしていることになる。二人の人脈はその後、日韓で複雑に交錯していく。

「資本金百万円」の謎

重光が理系へと転じた決断は結果的には最善の選択で、入学した年の十月から徴兵猶予が撤廃され、文系の学生を中心に次々と戦地へ駆り出された。

危機を回避し、何とか戦禍を生きぬいた重光がロッテを設立するのは渡日から七年後の一九四八年のことである。当時の登記簿上の住所は杉並区荻窪で、資本金は百万円だった。公務員の初任給が約三千円のこの時代、百万円は宝くじの特等賞金と同額である。

草創期のロッテに囁《ささや》かれていた謎の一つが、この百万円の創業資金の出所だ。重光は終戦を挟んで七年の間に都内を転々としながら事業家としての地歩を固めた。彼は、いかにして百万円もの大金を手にしたのか。

転機は一九四四年に訪れている。重光はアルバイト先の質屋で六十代の〝花光八太郎〟と名乗る老人と出会う。彼のその後の人生を決定付ける恩人との邂逅《かいこう》だった。質屋の経営者で、古物店も営む花光は日頃の重光の熱心な働きぶりを見て、こう声を掛けたのだ。

「資金は出すから旋盤用の切削油を作る工場をやってみないか」

戦時下、軍用機などを作る軍需工場では、金属の切削加工を行なう際に旋盤を冷却するために不可欠な切削油の需要が高まっていた。重光も高円寺にあった軍飛行機製作工場からの委託で、切削油などの開発をする研究所でも働いていた。そこにビジネスチャンスを見出した花光は五万円という大金を重光に出したという。戦時下の五万円と言えば今の貨幣価値にして億は下らない。二十歳そこそこの学生に気前よく大金を出資すること自体、俄《にわ》かには信じられない話だ。

だが、これはロッテ関係者の間では、重光の成功譚として広く知られている逸話であり、重光はその金を元手に大田区大森で工場を始める。大森を含む東京湾西岸の大田区は第一次世界大戦以降、発展を遂げた京浜工業地帯の一角を成し、軍需工場も数多くあったことから需要もあり、滑り出しは順調だった。だが、戦況は一層苛烈を極め、一九四五年四月十五日の深夜、二〇二機のＢ29による城南京浜大空襲により、重光の工場も敢えなく全焼してしまうのだ。

再起を期した重光は大規模な空襲を受けていない八王子に拠点を移す。重光にとってここで過ごした約一年が大きな意味を持つことになる。

重光に力を貸したのは、八王子で小島商店という洋品店を営む実業家だった。彼の息子、小島恒男は、幼少時代に重光に遊んでもらった記憶があると語る。

「田園調布で洋品店も営んでいた花光さんと私の父は問屋仲間で友人でした。花光さんは西荻窪に住んでいて、群馬県に疎開するにあたり、大量の荷物を八王子の農家の蔵に移して置いていたのです。現在の横浜線片倉駅の近くの大きな家でしたが、重光さんは門番も兼ねて、その蔵で暮らすようになった。幼かった私の面倒をよくみてくれて、おぶってもらった時に、背中でおしっこを漏らしてしまったこともあったと記憶しています」

花光はビジネスパートナーでもあった当時三十代の小島の父に「彼は優秀だから」と重光を紹介。切削油の事業は、八王子市天神町にある繊維工場を借りて継続した。花光は「警察が乗り込んでくるようなことがあれば、俺が矢面に立って捕まるから、実務は小島さんがみてくれ」と悲壮な覚悟を滲ませた。

戦前は全国有数の織物の町として知られた八王子だが、開戦後の一九四二年には企業整備令が公布され、廃業を免れた織物関係の工場の多くは軍需の下請け工場に転換した。大規模な空襲被害がない八王子は、立川市などにある軍需工場の疎開先にもなっており、市内には軍需工場の数が増えつつあった。小島家は、祖父の時代に神奈川県内で反物の糸を作る稼業を営んでいたことから糸に精通し、独自ブランドの洋服を扱うなど、八王子で手広く商売を行なっていた。そのつながりで繊維工場の物件の当たりをつけることができたのだ。小島が説明する。

「実務を担った父も出資者の一人だったようです。重光さんはまだ日本語がそんなに得意ではなく、口数も少なかった印象があります。うちの小島商店にお風呂に入りに来ていましたが、いつも最後に入っていました。父は、重光さんが訥々《とつとつ》と語る身の上話を聞き、『彼は絶対に成功する。成功しない限り、韓国には帰ることもないから大丈夫だ。これからは知恵の勝負なんだ』と母に話していたそうです」

重光には知恵だけではなく、勤勉さもあった。ある時、繊維工場に物資を運び込む作業を手伝っていた重光の上着が盗まれたことがあったという。

重光は、その場に立ち合っていた小島の祖父に「上着には私が学んだ応用化学の知識がいろいろと書き込んである手帳が入っていた」と悔しそうな表情を浮かべた。彼にとっては上着よりも、はるかに手帳の方が貴重な財産だったのだ。

重光らが作った切削油は近隣の軍需工場などに持ち込まれ、事業は順調にスタートした。だが、軌道に乗りかかった矢先に八王子を大規模な空襲が襲う。八月二日未明、米軍の爆撃機B29が次々と飛来し、大量の焼夷弾で市街地の約八割が焼失した。死者は二千人を超え、米軍が展開した日本の中小都市爆撃のなかでも最大級の大空襲だった。

そして約二週間後、日本は終戦を迎えるのだ。

工場は全焼し、重光は無一文どころか、多額の借金を抱えたまま終戦の玉音放送を聞いたとされる。ただ、事実は少し違う。小島が振り返る。

「工場は全焼してはいなかったはずです。商売人だった父たちは事前に切削油の原材料となる油脂をかなり多めに手当てして仕入れており、それは手付かずで残っていたのです」

実は、八王子の大空襲については、直前の七月三十一日の夜と八月一日の朝に、「伝単」と呼ばれた空爆を予告する米軍のビラが撒かれていたことが分かっている。

一説には、この情報を察知した重光が仲間に伝え、切削油の原材料などを安全な場所に隠したとされている。この頃には事業の中心的な存在だった小島の父は体調を崩し、病に臥せっており、重光の機転と素早い判断で、間一髪の危機をかわすことができたのだ。

しかし、戦争は終わった。もちろん軍需工場も閉鎖され、当時日本にいた二百万人を超える在日朝鮮人の多くが解放された祖国への帰還を望んだ。数年のうちに約百五十万人が日本を離れたが、重光は焦土と化した日本に残った。

重光はその理由を、後年になって社員の前で涙ぐみながら語ることもあったという。

当初の計画が頓挫し、重光が花光のもとに報告に出向くと、花光は「しょうがないね、君のせいじゃないよ」とだけ話した。恨み言は一切言わなかったが、家の奥で彼の妻が、声を押し殺して泣いている姿が見えた。重光は、「帰国することもできたが、その姿を見て、お金を返すまでは帰らないと決めた」と当時を振り返っている。

一度決めるとその後の行動は素早かった。重光は、切削油の原材料の在庫を使って、石鹸を手作りするようになるのだ。小島が語る。

「重光さんが住んでいた農家の蔵には、花光さんのタンスがあって、その引き出しに釜で炊いた液状の石鹼を流し込んで固める。それを切り分けて闇市で売ると飛ぶように売れたのです」

重光の作る石鹼は「よく落ちる」と闇市で評判だったという。

石鹼の製造方法はいくつもあるが、油脂を釜で加熱し、そこに苛性ソーダ（水酸化ナトリウム）を加えて鹼化させる方法が一般的だ。釜の溶液を混ぜ合わせながら、付きっ切りで状態を見極めなければいけないうえ、百度を超える高温の液体が飛び散り、気が抜けない。重光は、「沸点の調整が非常に難しく、危険な作業だった」とのちに語っている。石鹼作りに不可欠な苛性ソーダは当時配給品であり、入手は極めて困難だった。なぜ重光は、それを手に入れることができたのか。そこには依然として謎が残されている。

戦後の闇市は、八王子では、元横山町の八幡八雲神社の南側通りにあり、「闇市の通り」と呼ばれて賑わったとされるが、重光は中央線沿線の闇市にも足を延ばした。それが当時、中央線沿線で最大級の闇市と呼ばれた荻窪である。荻窪駅の北口に建物疎開（空襲による火災の延焼を防ぐために、建物を壊して防火地帯を作ること）でできた空き地には、戦地からの引き揚げ者や復員兵が集まり、品物を並べた露店が自然発生的にできていた。その規模は瞬く間に拡大して闇市を形成。一九四六年五月には約百五十の露店を束ねる形で木造平屋の「新興マーケット」が立ち上がる。

ロッテの歴史を綴った一九九八年発刊の『ロッテ50年のあゆみ』では、重光は終戦翌年の五月に、ロッテの前身となる「ひかり特殊化学研究所」を設立。荻窪に事業拠点を移し、石鹸を軸に化粧品も扱うようになったと記されている。しかし、それ以前のインタビュー記事などでは、終戦から一カ月後の九月には、荻窪に「ひかり特殊化学研究所」を設立したとある。そこには八カ月のズレがあるが、正史から消えた、その期間こそが、まさに重光の前半生にとっての勝負の分かれ目だった。

小島が振り返る。

「石鹸を闇市で売り始めた頃には、うちの母親も荻窪まで手伝いに行っていました。当時、重光さんは早稲田の夜学に通っていて、仕事が終わると学生服姿の重光さんと一緒に帰っていたと話していました」

早稲田高等工学校は、壊滅的な被害を免れた教室棟で、終戦の翌月から授業が再開された。重光は混乱期にあっても、学ぶことを決して諦めず、夜間三年制だった同校の最終学年の授業を受け続けていたのである。

病床に臥していた小島の父親は、終戦から四カ月後の十二月八日に三十九歳の若さで急逝した。残された重光は、その正念場でも決して怯《ひる》むことはなかった。その頃には石鹼の原材料でもある、ひまし油から男性用整髪料のポマードの製造にも手を広げていた。戦争が終わり、髪を伸ばし始めた男たちは挙《こぞ》ってポマードを手にした。商機を逃さなかった重光は闇市で大金を摑み、終戦からわずか半年で出資金を全て返済する離れ業をやってのけたのだ。

一九四六年二月十七日。時の政府は終戦直後の未曽有のインフレの対抗策として「新円切り替え」と「預金封鎖」を断行し、通貨の流通量を制限しにかかった。三月二日をもって旧円は使えなくなり、手持ちの旧円はすべて一度銀行へ預けて新円と交換しなければならなかった。新円で引き出し可能な月額は、世帯主三百円、その他の家族は一人百円とされ、夫婦と子供一人の標準世帯では、月五百円の生活を強制されることになった。食料不足のなか、当時、ヤミ米は一升七十円からさらに高騰し、庶民の窮乏が続いた。預金封鎖は一九四八年七月に解除されるまで続いたが、その間には預貯金や株式、不動産などに課税する「財産税」が導入され、多くの人が資産を失う結果になった。

しかし、重光は旧円が新円に切り替わる、わずか数日前に借金をまとめて完済した。運を味方につけ、儲けた旧円が紙くずになるロスを最小限に抑える絶妙のタイミングで過去を清算できたのだ。小島が語る。

「旧円から新円に切り替わる二日か、三日前だったそうです。ただ、その時期に旧円で返済されても、すぐに使える訳でもなく、母も困惑していました。親戚に頼んで、何とか反物などの物に替えてもらい、その後の生活の足しにするのが精いっぱいでした」

ロッテー化粧品

重光は荻窪で、軍需工場の寮として使われていた焼け残りの建物をみつけ、そこを住居兼工場とした。ひまし油を原料にした女性向けの化粧品の製造も始め、事業をさらに拡大した。原料の手当てが追い付かず、新聞に「ひかり特殊化学研究所」の名前で、〈大量に求む　ヒマシ油〉などの文言で募集広告を出した。

そして、当初は量り売りしていた化粧品を、一本十円の瓶売りに切り替え、その商品をこう名付けた。

〈ロッテ化粧品〉

現在の社名であるロッテの原型が、そこにはあった。故郷の村で小説を貪り読み、渡日後も作家に憧れを抱いていた重光は、愛読書だったゲーテの名作「若きウェルテルの悩み」のヒロイン、シャルロッテにちなんで、その名前を付けた。

重光は、化粧品の業界紙である「日本粧業」に広告を打ち、一九四六年九月二十八日付の読売新聞では、「ロッテ化粧品本舗」名の広告で次のように説明している。

〈全国の化粧品問屋小賣店の皆様に申上ます。品質本意のロッテ化粧品が準備完成し皆様の御下命をお待して居ります〉

十月には朝日新聞にも同様の広告を掲載し、その後は捻りの利いたキャッチコピーで、ひと際人目を引く広告戦略を行なった。

〈清潔な若肌を　ロッテ化粧品〉

〈女性のエピソード　清純な装ひ

ロッテ化粧品〉

〈愛される　ロッテ化粧品〉

さらに化粧品の販売網を拡張するために、各都市に置く代理店の募集を呼び掛けた。

当時、瓶詰めの化粧品の原価は一本三円から五円。サラリーマンの平均月収が約二百円と言われるなか、重光は毎月四万円から五万円という莫大な利益を手にしていたが、それでも飽き足らず、さらに全国展開を目指したのだ。

彼は二十代半ばにして巨万の富を手にしたが、その一方で、苦しい時に助けてくれた人との縁を金の貸し借りだけで片付けなかった。小島は、その後も重光が当時流行りのアメリカ車を駆って八王子に来ていた姿を憶えている。

「父が亡くなった時、私は四歳。三人の子供を抱え、苦労していた母の背中をみて育ったので、私は中学を出て働くつもりでした。中学卒業間近にちょうど学校の求人にロッテの人材募集が出ていたため、母に重光さんのところに頼みに行ってもらったことがありました」

重光は会いに来た小島の母親に対し、「どんなことがあっても高校くらい行かせるべきだ」と強く諭した。小島が振り返る。

「私が改めて挨拶に行くと、重光さんは『来月から学費を取りに来い』と。それから二カ月に一度、ロッテ本社に一万円を受け取りに行きました。月五千円は学費には少し多い額です。それを三年間頂きました。その後、私はロッテに入社し、一従業員としてお世話になりました」

重光は、小島が入社した時、小島の上司だった製造部長に「私がお世話になった人の息子さんだ」と紹介したが、以後は特別扱いしなかった。最大の恩人である花光の一家には社宅を用意して住まわせ、息子をロッテで採用した。

それだけではない。彼は蔚山でお世話になった種畜場の場長の親族も、東京での下宿先の大家の息子もロッテに入社させている。詳しい事情は一切語らないが、恩には必ず報いる。その誠実な姿勢は、のちに彼のカリスマ性を際立たせていく。

第二章

「シン」と「重光」のはざまで

お口の恋人・ロッテ

ロッテの歴史はチューインガムから始まった。

進駐軍が持ち込んだガムは、甘味に飢えていた戦後の日本に一気に浸透した。当時のガム業界は、一攫《いっかく》千金を狙う約四百社がひしめき、群雄割拠の様相を呈していた。そこに遅れて参入したのが一九四八年設立のロッテである。

重光は、石鹸や化粧品の販売で巨万の富を手に入れたが、終戦から二年を迎える頃には、事業は曲がり角を迎えていた。復興が進むにつれ、粗悪な化粧品を製造販売していた業者は価格競争の末に淘汰された。その一方で、資生堂などの戦前からの有力メーカーが工場の焼失や物品税の高騰に喘《あえ》ぎながらも復活に向けて動き出していた。化粧品業界以外にも、新たな〝鉱脈〟が必要だった。

重光は後年、「なぜチューインガムに目をつけたのか」と知人に問われ、こう答えている。

「早稲田高等工学校時代に、アメリカの進駐軍がくれるガムを剃刀《かみそり》で三つに均等に分け、それを綺麗に包装して高田馬場で通りすがりの人に売って稼いでいたことがあった。そのうちにチューイングガムの作り方を覚え、自分で材料を煮詰めてみた。俺が売ったガムは今思えば酷いものだけど、当時の日本には娼婦や戦地から引き揚げてきた兵隊がたくさんいたから、彼らに売ったんだ」

「ひかり特殊化学研究所」の仕事仲間からも、チューインガムの製造を提案され、重光は元手となる資金を供出し、ガム製造に着手する。当時日本のガムの主な原料だった酢酸ビニル樹脂に、松脂《まつやに》や人工甘味料であるサッカリンやズルチンなどを混ぜて作った。一個二円の「風船ガム」は見事に当たった。だが、その成功は仲間の裏切りを招いていく。共同事業のパートナーは、化粧品をともに作っていた在日同胞の二人と風船ガム作りのノウハウを持つ一人の日本人だった。重光はあくまでも金主という立場で、ガム製造の現場はその三人に委ねていたが、それが裏目に出た形だった。彼らは重光を外して勝手にガムを作り始め、独立していったのだ。

「あいつらを半年で潰してやる」

重光は怒りを露わにし、こうぶちまけたという。

誰もが貧しさに喘ぎ、生き馬の目を抜く戦後の混乱期では、裏切りもまた成長の原動力になる。重光は、化粧品の製造を一旦取り止め、ガム製造に軸足を移して反転攻勢に打って出た。重光自らリアカーを引き、売りに出ると、歩く端から売れたという。

読売新聞の一九四七年五月二十二日付の紙面には「ロッテチユウインガム本舗」の名前で、人員増強を図るための人材募集の広告も掲載。女性は、タイプ経験者の事務員を若干名、包装員には四十名の枠を設け、〈能力に依り月収千円〉を約束した。男性は理工学出身者を若干名と理化学出身者を十名採用する旨を明記し、仲間の裏切りに対し、〝倍返し〟で威勢をみせつけた。

さらにロッテ製菓本舗やひかり特殊化学研究所の名前で広告を打ち、再び原材料や銀紙などを大量に求め、〈トタンに欲しくなる！　ロッテチユウインガム〉〈素晴らしい味覚　世界的のレベル　ロッテチユウインガム〉と高らかに謳《うた》い上げた。そうして商機を摑むと、重光は貯えた百万円を資本金として「株式会社ロッテ」を設立した。個人企業から会社組織への脱却を図っていったのである。

「若きウェルテルの悩み」のヒロインの名前にちなんだ社名について、社史『ロッテのあゆみ30年』には由来がこう記されている。

〈シャルロッテは永遠の恋人として知られていますが、ロッテの社名もだれからも愛される〝お口の恋人〟になりたいというねがいをこめて名づけられました〉

だが、重光が社名に込めた思いは、それだけではなかった。のちに彼からその話を聞かされた日韓関連団体の代表が語る。

「彼は日本統治下の韓国で『辛格浩』として生を受け、家出同然で渡日した後は『重光武雄』として生きてきました。日本での暮らしのなかで、今まで付き合っていた友達が自分の出自を知って、背を向けて行くという経験を何度もしていたようです。彼は常々『アメリカは黒人差別をすると言うけれども、日本人ほど差別をする人間はいない』と在日韓国人への民族差別の酷さを零《こぼ》していた。『ロッテという名前なら日本人も受け入れてくれるのではないかと思った』と話していました」

設立当初のロッテの社員数はわずか十人。彼らは商品をリュックサックに詰めて一日五十軒から六十軒の小売店を回り、夜の十時を過ぎて帰社する過酷な営業を積み重ねた。錦糸町や浅草の問屋街では、日曜日でも、ロッテの社員がサンプルを手に現れ、商品説明をした後、「少しでも置いてくれませんか」と売り込む姿が語り草になっていたという。

そして販売網を持たない弱点をカバーするために知恵を絞って販路を拡大。子供向けの風船ガムから大人向けの板ガムに進出し始めると、それまで駄菓子店でしか売っていなかったガムをタバコ屋に初めて持ち込み、「タバコを吸ったら歯が汚れるので、これを噛んだらいい」と勧めてもらった。その他にもガソリンスタンドや薬局、大衆浴場、散髪屋などあらゆる場所でガムを置いてもらえるよう交渉を重ねたのだ。

ロッテは一九五〇年、本社を荻窪から新大久保に移転し、工場を新設。大阪や福岡にも拠点を作り、全国に販売ルートを整備していった。

結婚、国籍、そして名字

この頃、重光は五歳下の日本人女性、竹森ハツ子と出会う。

重光は、神田の油脂問屋で働くハツ子をひと目見て、「とても可憐な女性」だと好印象を持ったとのちのインタビュー記事（日刊ゲンダイ一九七九年四月七日付）で語っている。一方のハツ子は「とても清潔な感じで、この人ならと思いました」と当時の心境を明かし、重光の韓国籍も何ら結婚の障害にはならなかった。

もともと竹森家は青森県の林檎《りんご》農家で、その後、祖父の時代に東京に転居している。亀戸周辺に住んでいたが、戦禍が広がり、小岩に移った。二人は一九五〇年九月、小岩のハツ子の実家で結婚式をあげた。新婚旅行は、重光が運転するクリーム色のビュイックで、箱根や伊東などの温泉地を巡る三泊四日の旅程だった。

ただ、小岩で新婚生活を始めた重光とハツ子が、真の夫婦になるには避けて通れない障壁があった。韓国に置き去りにした妻の存在だ。

重光の元側近が明かす。

「重光が故郷から失踪した頃、韓国で結婚した妻は身重で、その後、女児を出産しています。渡日後しばらくは両親や兄弟とも連絡を断っていたため、重光が娘の存在を知ったのも後年になってからでした」

韓国の妻は重光と再会することなく、失意のまま病気で一九五一年に急逝している。二人の間に生まれた長女、英子《ヨンジャ》は、のちに韓国のロッテ百貨店などの役員として一族経営を支えることになる。

当時の重光にとってハツ子との婚姻は、〝重婚〟の誹《そし》りを免れなかった上、さらに

新婚旅行で訪れた熱海で妻・ハツ子と（重光宏之氏提供）

別の懸念も孕《はら》んでいた。〝国籍〟と〝重光姓〟に関する問題である。

その頃には重光が韓国出身と知り、在日韓国人社会からも、人伝《ひとづて》に「うちの子をロッテに入れてくれないか」という依頼はあった。しかし、当時の彼はほとんど受け入れようとしなかった。ロッテの元幹部が明かす。

「一時は重光さんが〝日本に帰化したのではないか〟という声もありましたが、彼は生涯韓国籍を変えることはありませんでした。ただ、ロッテを韓国系企業だと決めつけられ、仕事で不当に扱われることにもうんざりしていた。だから在日韓国人コミュニティとも一定の距離をとり、在日韓国人の採用には積極的ではなかった。新大久保駅周辺がコリアタウンとして有名なのは、かつてロッテの工場があり、在日韓国人が多数働いていたからだという話が今では定説になっていますが、それはあくまでも俗説に過ぎません」

第一章で紹介した通り、重光は日本の植民地政策である創氏改名により、渡日前から〝重光姓〟を名乗っていた。だが、重光姓と戸籍の問題は、結婚から三年が経った頃、重光にとって喫緊の課題となっていく。ハツ子が重光の子供を身籠り、戸籍を整える必要が生じたのだ。

養子縁組と泥沼訴訟

当時を知る手掛かりとなる裁判が二〇一一年に東京家庭裁判所で起こされている。そこで争われたのは、長年重光とロッテにとって〝タブー〟だった約六十年前の養子縁組を巡る経緯だ。

養子縁組は大分県にルーツを持つ重光姓の夫婦とハツ子との間で交わされている。訴訟は被告のハツ子に対し、原告である養母が「養子縁組の無効」を訴えた内容である。

原告は訴状などで、この養子縁組について〈親子としての精神的なつながりを作るという意思などなく、ただ、養子縁組という形式を利用して被告の姓を重光にするだけの目的でなされたものであるから、無効である〉と説明。訴訟を起こした意図については〈私が元気なうちに、ハツ子氏との養子縁組を無効であることを明確にしたいと考えております。それと同時にどういう理由で戸籍に入られたか明確に知りたい〉と陳述書に記している。

裁判資料によれば養子縁組は一九五四年二月二十二日。当時東京の下落合に住んでいた原告の元に借家の管理人、小川哲次郎から「ロッテの人が重光姓を探している」との話が持ち込まれたのが端緒だったとされる。

管理人の小川はロッテの守衛を務めており、妻もロッテのガムを包装する内職の仕事をしていた。実はロッテ側の意を受けた彼らの仲介によって養子縁組が交わされていた。ハツ子はその四日後に自ら（重光ハツ子）を筆頭とする新戸籍を作成。そして一月二十八日に誕生した長男・宏之の出生届を三月十日に役所に提出している。

長男が生まれた約一カ月後にハツ子の姓が〝竹森〟から〝重光〟に変わり、その直後に長男の出生届を提出したという経緯が裁判資料からは読み取れる。

この手続きにより重光は翌年に生まれた次男の昭夫も含め、家族が重光姓を名乗れる戸籍上の〝お墨付き〟を得た。重光はそこまでして妻の旧姓ではなく、〝重光姓〟にこだわったのだ。

のちに政財界では、そのこだわりの強さをうかがわせる〝噂〟も流れた。

重光が、戦後に日本政府の代表として米戦艦ミズーリ号で降伏文書に調印した重光葵《まもる》元外相の親族と結婚したという風説だ。

ある自民党関係者は、重光姓を持つ大分県出身の警察官僚が、その噂に困惑していた様子を今でも覚えている。

「彼は『ロッテの重光が、重光葵の縁者である妻と杉並の教会で出会って結ばれたという麗しい秘話が定説になっている。しかし、そんな事実はどこにもない。大分県出身で、同じ重光姓というだけで、私もロッテの縁者だと誤解されている』と語っていました」

養子縁組をした重光家は七百年以上続く由緒正しい家柄だが、同郷の重光葵とは縁戚関係はない。つまり、重光を巡る〝噂〟はまったく根拠のないデマだった。しかし、それをあえて否定しなかったことで、重光やロッテに有形無形の恩恵があったことは想像に難くない。

先の裁判の話には続きがある。原告側の家族はその後、巨大企業に成長したロッテとの〝縁〟に翻弄され、家族間に不協和音が生じていた。

原告側の内情を知る関係者が事の経緯をこう述べる。

「養子縁組はロッテ側から頼まれ、夫が妻に内緒で進めたものでした。のちにその事実が発覚し、夫は妻から責められ、家を出ています。夫は一九九五年に亡くなっているため、養子縁組にどのような〝条件〟があったのかは定かではありません。原告側の六人の実子の受け止め方も様々で、なかには家族に内緒で、ロッテ側に資金援助を頼みに行く者や就職の世話を依頼する者もいて、家族の絆にも亀裂が入った」

養子縁組の当事者となったハツ子は、養母を含む原告側の家族の誰とも会うことはなかった。関わりを持つことで、原告側との間に金銭的な補償問題が発生することへの懸念があったからかもしれない。しかし、重光本人は後年、養母とその実子らに会っている。重光は秘書から「面談の申し出があります」と報告を受けると、しばらく天井を見つめ、「会ってみようか」と答えたという。

二〇〇八年四月、新宿のホテルの個室宴会場。会食の場に姿を見せた重光は、ロッテの事業については雄弁に語ったが、雑談に終始し、養子縁組については一切触れようとしなかった。最後に原告側の家族の一人が「重光の名前をどう思われますか」と尋ねたが、重光は、「通称名です」とだけ答えた。翌年、重光は彼らをソウルに招待し、ロッテホテルで再度会食しているが、そこでも養子縁組の話題に踏み込むことはなかった。

その後、家裁に起こされた訴訟は高裁から最高裁へと進んだが、二〇一五年五月に原告の養母が亡くなったため、訴えが棄却される形で終結した。

三十代の頃の重光。激務で留守が多かった一方、子煩悩でもあった。左が長男・宏之、右が昭夫(宏之氏提供)

重光にとって養子縁組の経緯は、触れて欲しくない過去であったはずだ。しかし、いつしか時間の経過とともに、それは痛みさえ忘れた瘡蓋《かさぶた》へと変わり、もはや傷口が疼《うず》くこともなくなっていたのだろう。

一九五〇年代に入り、重光を取り巻く環境は大きく変化し始めていた。結婚を機に初台に千坪の土地を購入し、数年後には妻と息子用のテニスコートやプールも備えた白亜の豪邸を新築している。その洒落た洋館の門には、〈重光武雄〉と書かれた表札が掲げられた。

毎朝、社用車の黒のリンカーン・コンチネンタルで出社したが、気分がいい日には自宅から会社までの約十八キロの道のりを歩くこともあったという。だが、重光は決して家庭に仕事を持ち込まず、幼い子供の安否を常に気遣った。

長男の宏之が幼少期を振り返る。

「当時は自動車の事故も増えていたので、『あまり外で遊ばないで、家の中で遊んでいなさい』とよく言われていました。幼稚園の頃は、誰かが車で迎えに来てくれて、時には新大久保にある工場まで連れて行ってくれたものです。そこでロッテの役員が紙飛行機を作って遊んでくれました。物心ついた時には、ロッテはガムの会社で、工場の敷地内にある木造の事務棟には社長室もありました。父は朝九時過ぎに起き出し、夜遅い時には十一時頃に帰宅する生活で、平日は自宅で夕食を食べることもありませんでした」

宏之は、青山学院初等部に通う小学生の頃、父親のルーツが韓国にあることを初めて知ったという。

「家では家族は日本語で話をしていました。父はとにかく仕事が忙しく、週末くらいしか一緒に食事をする時間もありませんでした。ただ、毎週日曜日のお昼だけは母が韓国料理を作っていました。渋谷に家族で通っていた韓国料理店があり、そこで習っていたようです。当時は韓国の食材も簡単に手に入らず、御徒町などに買いに行かなくてはいけない状況でした。週に一度、韓国料理が食卓に出ても、そんなものかとあまり深く考えたこともありませんでした。当時の青山学院には、韓国の方や中国系、米国系など外国人の親がいる学生がクラスの一割くらいはいましたから、特別な環境とは思わなかったのです」

正月旅行でのスナップ。右からハツ子、重光、宏之、昭夫（宏之氏提供）

年末年始は伊東や熱海、川奈への家族旅行が恒例で、夏は軽井沢で過ごした。母親と息子二人は約一カ月の夏休みの間、軽井沢の万平ホテルに滞在し、お盆の時期になると、重光が客人とともに合流。数日を過ごした後、重光だけ先に帰京するのが、いつしか慣例になっていた。

一族との合流

日本での成功は、途絶えていた韓国の両親や兄弟との関係にも影響を齎した。

一九五三年春、釜山の港を発った一隻の密航船が九州の海岸に漂着した。小さな漁船に詰め込まれ、煤《すす》だらけで降り立った男たち。その中に高校を卒業したばかりの重光の実弟、四男の宣浩の姿があった。

その数年前から韓国の家族の元に、近況を知らせる長い手紙が重光から届くようになっていた。いつも手紙は次男の轍浩が、家族みんなの前で読み上げた。重光の日本での成功は、兄弟にとっては頼もしく、励みになるものでもあった。

宣浩は当時の韓国の様子をこう述懐する。

「その頃は朝鮮戦争の真っ只中で、いつ徴兵にとられてもおかしくない状況でした。憲兵がウロウロしている姿をみるたびに、山に逃げ込むような状況で、私はとにかく外国に行きたかった。ただ、日本へは、本当は私ではなく五歳上の兄（三男の春浩《チュンホ》）が行く予定でした。ところが、釜山の港に停泊していた船があまりに小さいうえに、甲板が海面まで約三十センチのところまで沈み込んでいるのを見て、兄は怖くなって帰って来たのです。『代わりにお前が行かないか』と言われ、怖いもの知らずの私は風呂敷に本と着替えだけを入れて家を出ました。船に乗り込むと、船底の魚を入れる部屋に、七、八人がぎゅうぎゅうに押し込められて扉が閉じられました。非常に息苦しい状態で、揺れも酷かった。三日間の窮屈な航海で、酸欠になって二度気絶しました」

波に流され、予想よりもかなり南に着岸した時には意識を失うように眠っていた。誰かが頭を踏みつけて出て行った衝撃で目覚め、慌てて外に出ると、「付いて来い」と声を掛けられたという。声の方に向かうが、足がもつれて歩けない。それでも何とかその場を離れ、旅館と思しき場所に辿り着いた。そこに出迎えに来てくれたのは、ロッテの九州支店長だった。彼はロッテの草創期を支えた大阪の老舗菓子問屋「大阪屋」の経営者、井上長治の弟の一人でもあった。ロッテは大阪屋を買収したことで、全国展開の足掛かりを摑んだが、井上の三人の弟たちは、各地の支店長を務め、ロッテの礎を築いたとされる。

「もう何の心配もないよ」

宣浩は九州支店長のその言葉に安堵し、仲間と一緒に風呂に入り、お互いに煤だらけで真っ黒になった顔を指さして笑い合った。だが、翌日、宣浩は船に残っていた仲間が逮捕されたことを知った。まさに間一髪で、強制送還の危機を免れたのだ。

戦前に重光が渡日した時にも乗船した釜山と下関を結ぶ連絡船は、終戦をもって事実上消滅し、航路は閉鎖された。そのため、以降は職を求めて韓国人が密航で日本へ渡るケースが少なくなかった。

例えば、パチンコチェーン最大手のマルハンの創業者、韓昌祐《ハンチャンウ》は十六歳だった一九四七年に小型船に乗り、玄界灘の荒波にもまれながら密航で日本に辿り着いた。そこから法政大学を出て、ボウリング事業などで失敗を経験しつつも、やがてパチンコホールの経営でマルハンを業界トップの二兆円企業に育てた。密航者としてのスタートから逞しく這い上がり、日本の長者番付で十指に入る資産家へと上り詰めていく道程は、在日韓国人一世の成功の一つのモデルケースでもある。

その後、宣浩は九州支店長の自宅で約半年間、彼の中学生の娘から日本語を学んだ。繁華街に出るとヤクザが跋扈《ばっこ》し危険だと聞かされていたが、夜のネオンに浮かび上がった街並みは、お伽話の国のようにキラキラ輝いて見えたという。

期待に胸を膨らませ、東京へ向かった宣浩は、羽田空港で十数年ぶりに兄と再会した。出口まで一人で迎えにきていた重光は気が動転していたのか、開口一番、「何しに来たんだ」と宣浩に声を掛けた。故郷でともに過ごした幼い頃、怒ると怖かった、昔の兄の面影がそこにはあった。

その日から、宣浩は小岩の重光の家で暮らし、早稲田大への入学のための試験勉強に勤しんだ。兄夫婦との暮らしは、息が詰まったが、行くところもなく、毎日机に向かい、入試のために韓国から高校時代の成績表も取り寄せて準備を進めた。大学に入ると、高田馬場のアパートに移り、政治にも興味を持ってデモにも参加した。眉をひそめてその様子を見ていた重光は、当初ロッテへの入社を希望する宣浩を頑なに拒んでいた。しかし、工場の下働きから始めた宣浩は、のちにロッテがチョコレート事業に進出した際に、欧州の最前線の情報収集や原材料の仕入れ先の確保に奔走。チョコレートを製造する浦和工場の工場長も務め、兄を支える存在になっていく。

一九五〇年代のロッテは、重光のアイデアを生かした新商品が次々と発売され、破竹の勢いをみせていた。サンフランシスコ講和条約が締結されると「コーワガム」を売り出し、クリスマス・イブには「クリスマスガム」、他にも、くじ付きの「ベースボールガム」やハリウッドの西部劇人気にあやかった「カーボーイガム」など多彩な企画を世に送り出した。とくに「カーボーイガム」は、一九五二年四月に砂糖の統制が全面解除されると、戦後日本初の砂糖入りガムとして人気を呼び、「風船ガムのロッテ」の名を印象付けるヒットを記録した。

当時、ガム業界で群を抜く売れ行きを見せていたのは、大阪のガムメーカー、ハリスだった。市場占有率が約四十%という圧倒的なシェアを誇っており、約二十%を占めるロッテは大きく遅れをとっていた。ハリスと対抗するには、品質を高め、より噛み心地を重視した本物志向のガムの製造が求められていた。

ガムの起源は西暦三百年頃に遡る。メキシコ南部のユカタン半島で、マヤ民族が現地に生育するサポジラ（和名はチューインガムノキ）という木の樹液の固まり「チクル」を噛んでいた習慣にあるとされる。チクルは、喉の渇きを癒す効果があり、これに甘味をつけ、十九世紀後半に米国でチューインガムが誕生する。日本にも大正時代に天然由来のチクルを使ったガムが入ってきたものの、人前で口を動かして物を噛む習慣が馴染まず、普及には至らなかった。

終戦後にガムが普及すると、天然チクルの入手が難しいなか、ハリスは合成樹脂を利用した〝合成チクル〟の白いガムで市場を席巻。ロッテはハリスの牙城を崩すべく、当時電気メーカーが絶縁材の材料として輸入枠を持っていた天然チクルの入手に腐心していく。そして日本に馴染みのない天然チクルの啓蒙活動を行ないながら、ついに一九五四年、天然チクルを原料とした国内唯一の板ガム「バーブミントガム」を発売するのだ。

業界トップのハリスを猛追し始めたロッテにとって、最大の課題は輸入制限が掛けられていた天然チクルをいかに確保するかだった。

当時、天然チクルの担当として農林族の議員や官庁などに掛け合った、ロッテの元専務が振り返る。

「あの頃、天然チクルは接着剤の原料として少ししか輸入できませんでした。そこで欧米では天然チクルを食品添加物として輸入していることを示す書類を持参し、掛け合ったのです。将来、貿易自由化によって、世界トップシェアを誇る米国のリグレーなどの天然チクル入りのガムが大量に入ってくれば、日本のガムは対抗できない。日本も遅れをとってはならないと説得した結果、輸入規制が解かれていったのです」

重光に〝政治の季節〟が訪れようとしていた。

第三章

チューインガム戦争と政界工作

在日コミュニティとの「距離」

戦後、日本と韓国の国交正常化交渉は、朝鮮戦争下の一九五一年の予備会談から始まり、中断、再開を繰り返し、実に約十四年という長い年月を費やした。

反日政策を掲げる李承晩《イスンマン》政権との間で、日韓の財産請求権や竹島を含む海域の漁業権を一方的に宣言した、いわゆる李承晩ラインの設定などで悉《ことごと》く対立。交渉は平行線を辿り、難航を極めた。光明が差し始めたのは、一九五七年に岸信介が首相に就任し、日韓関係の改善に向けて民間人グループの活用も含めた積極姿勢を見せてからのことだ。翌年五月には、国策研究会常任理事で、かの大宅壮一が「昭和最大の怪物」と評した矢次一夫が岸首相の個人特使として親書を携えて韓国入りした。李承晩大統領と面談を果たした矢次は、土下座外交などと揶揄《やゆ》されながら、日韓の政治的妥結への道を拓いた。

当時の重光にとって、祖国である韓国や日本の在日韓国人コミュニティは、近くて遠い複雑な存在だった。重光と親交があった在日の事業家が語る。

「重光さんは周りから頼まれれば在日団体のメンバーには名を連ねていましたが、自ら纏め役を買って出るようなことはしなかった。一九五七年には日韓文化協会が設立され、親韓派の石井光次郎元衆院議員などが会長を歴任しています。この団体は文化交流を通じて在日韓国人の生活向上を促進し、日韓の善隣友好を目指す趣旨でスタート。大物右翼の笹川良一も常任顧問に就き、重光さんも一時は理事に名を連ねていました。さらに一九六〇年に設立された日韓経済協会でも、重光さんは在日韓国人の実業家として韓国側の理事に入り、資金も拠出していました」

日韓経済協会は、経団連の副会長だった植村甲午郎や日本商工会議所の足立正会頭らが発起人となり、日本財界と在日の経済人との交流を図ることを目的に設立された。国交正常化前であったことから、韓国側の経済人として在日韓国人の実業家に声を掛け、副会長には阪本紡績の徐甲虎《ソガプホ》（阪本栄一）と三亜薬品工業の李康友《イカンウ》（高橋康友）が就いた。

阪本氏は重光と同じ慶尚南道蔚州郡三同面の農家出身で、一九二九年に十四歳で渡日している。大阪で商家の丁稚を振り出しに、職を転々としながら機織り技術を習得し、戦後は軍需物資の売買で得た財産を元手に四八年に「阪本紡績」を設立した。朝鮮戦争の特需もあり、全国の長者番付で十位以内に入る莫大な資産を築き、〝西日本の紡績王〟と呼ばれた立志伝中の人物である。彼は五一年に東京・南麻布に二千五百十坪の土地と二階建ての建物を購入し、韓国政府に無償で貸与している。のちに寄贈し、この場所には韓国大使館が建立された。当時の事情を知る齢九十を超えた阪本紡績元社員が述懐する。

「阪本さんは在日社会のなかで英雄でした。大阪の帝塚山《てづかやま》にあった大理石の豪邸も桁違いの広い敷地に建っていました。娘の一人は、戦後に『星影の小径』などをヒットさせた流行歌手の小畑実と結婚しています。阪本さん本人は当初結婚に反対でしたが、一九五五年に東京会館で行なわれた結婚式には約千五百人が集まった。小畑の親代わりとして自民党の大物、大野伴睦が出席し、仲人は元衆議院議長の星島二郎が務めた。当時としてはかなり豪華なものでした」

重光は阪本のように目立つことを好まず、在日韓国人の実業家との交流にも積極的ではなかった。重光と在日韓国人コミュニティとの微妙な距離感は、在日韓国人の経営者が多いパチンコ業界との関わりにも現れている。

戦前からあったパチンコは、戦後に大衆娯楽として復活を遂げた。進駐軍のための遊技場として始まり、闇市のバラックの片隅で数台のパチンコ機を置いて営業する店が次々と現れた。パチンコは専門知識や経験が必要なく、さして資本も掛からないことから、差別や偏見に苦しむ在日韓国人にとっては手っ取り早く現金が手にできる商売でもあった。

一九四八年には風俗営業等取締法（風営法）が施行され、パチンコ営業は各都道府県の条例に基づく許可制となる。当初、風営法の第一条には〈玉突場、まあじゃん屋その他施設を設けて客に射幸心をそそる虞のある遊技をさせる営業〉とだけ記され、のちの法改正でパチンコも規制対象として明文化された。そこには、〃パチンコの神様〃と呼ばれた名古屋の正村竹一が開発した、現在のパチンコ台のルーツとされる「正村ゲージ」の登場が大きく影響している。釘の並びに変化をつけ、娯楽性を高めたパチンコ台は瞬く間に人気を呼んだ。さらに、玉一個ずつを手で入れて弾く「単発式」から射幸性の高い連発式パチンコ機の登場が追い打ちをかけ、パチンコ店は増殖を続けた。一九四九年に全国で五千店舗に満たなかったパチンコ店が、その四年後には四万五千店超に急増し、空前のブームを巻き起こしていく。しかし、重光はパチンコ店の営業には端から興味はなかった。

重光と交流があった在日の実業家の一人は、重光から「私は在日がやるような商売はしたくなかった。彼らとは別の分野で勝負したかった」という言葉を聞かされたことがある。

「それがチューインガムだった訳です。しかし一方では、ロッテがパチンコ店の景品に自社の商品を扱ってもらうことで需要を伸ばしてきたことも確かです」

パチンコ店の景品と言えば、真っ先に思い浮かぶのはタバコである。現在のように特殊景品による換金の慣例がなかった当時は、貴重品だったタバコを求めてパチンコに興じる人が多かった。だが、連発機の登場で大量の出玉が期待できるようになると、大儲けした客を相手に店先でタバコを買い取る〝景品買い〟が横行した。買人はそのタバコを店側に持ち込み、利ザヤを得るが、そこに暴力団が介在するようになり、看過できない事態に陥っていった。タバコは国の専売事業だったことから、警察当局は専売法違反による取締りを強化。そこで、タバコに代わる一般景品として需要が増えたのがチューインガムだった。

「とくにロッテの商品は人気が高く、同業他社からは重光さんの在日社会における影響力で、いち早く納入できるようになったと妬む声もあった。そうした批判をかわす意味でも、パチンコ業界との関わりを伏せたい部分があったのでしょう」

パチンコ業界に近い自民党関係者はそう解説する。

パチンコはその後、一九五四年に連発機の禁止措置が決定。過熱したブームは終息に向かい、一九五六年には全国の店舗数が一万店を割り込むまでに激減した。パチンコ業界が一つの転機を迎えたのは一九六一年。大阪で現在の三店方式のルーツとなる、ホールとは別組織の福祉事業協会が景品を買い取る換金システムが認められ、換金に一定の指針が見えてからである。一九六六年にはパチンコホールの業界団体「全国遊技業協同組合連合会」（全遊協。現・全日遊連）が新たに設立された。換金のための特殊景品と一般景品の問屋がそれぞれ整備されていくのは七〇年代以降のことだった。

「ロッテは、各都道府県の遊技業協同組合に働き掛け、傘下のパチンコ店にロッテの菓子類を一般景品として扱ってもらうよう働きかけていた。兵庫県では、兵庫県遊技業協同組合との共同出資で、パチンコ店の景品総合卸商社『兵栄』を設立するなど、かなり深くパチンコ業界に入り込んでいた印象です。遊技業協同組合の支部がない地域などでは、在日の有力者が経営するパチンコ会社が一般景品の販売網の取り纏め役となっていることもあった。そうしたルートに食い込む際には、重光さんの人脈が影響しているという見方をされることもありました」

ロッテの元幹部はそう打ち明ける。ロッテにとって、全遊協などを通じたパチンコ店との取引は、ピーク時で年間約百三十億円の売上げにつながっていたとされている。

しかし、重光が個人的にパチンコ業界と特別な関係があった訳ではない。

重光は在日の経営者のなかでは、同じく日韓経済協会の韓国側理事だったパチンコチェーン「モナミ」社長の許弼爽《ホピルソク》（阿施広則）とは終生親しく交流があったが、ビジネスを越えた友人関係だった。

重光の秘書を長く務めた磯部哲も阿施のことをよく覚えているという。磯部は一九七二年にロッテに入社。ロッテ商事で販売企画、ロッテ本体でチョコレート開発事業などを経験して八八年に秘書室に配属された。その後は、役員定年となる二〇一二年三月までトータル二十年近くを重光の秘書として過ごしている。磯部が言う。

「阿施さんは不動産事業なども手掛け、東京商銀信用組合の理事長も歴任された方で、新宿区内の東京韓国学校などに億単位の寄付をなさっていました。私が知る限り、阿施さんが在日の方の中で一番重光会長と仲が良かった。阿施さんが会社にお見えになるとロッテ本社の十二階にある重光会長の応接室で、少しだけグレードの高い社食を一緒に食べるのです。メニューはうどんが多かったですが、非常にいい友人関係でした」

重光はビジネスとなれば、あらゆる手を尽くすが、常に他者との距離感を保つ。その居住まいが、彼の経営者としての冷静さや凜とした印象にもつながっていた。

その一線を越え、〝誤算〟があったとすれば、それは国交正常化前の、最初の韓国進出を巡る経緯だろう。

重光は一九五八年、韓国にもロッテ製菓を設立した。弟たちを日本に呼んで、ガム製造のノウハウを伝授し、設立資金の百五十万円も届けた。経営は次弟と三弟に委ね、いわば〝遠隔経営〟でロッテを韓国に持ち帰ったのだ。しかし、やがて弟二人は経営方針を巡って対立し、韓国のロッテは空中分解していく。

次弟の轍浩はその後、一九六六年に重光らの印鑑を偽造し、業務上横領に手を染めたとしてソウル地検に逮捕され、ロッテを追放された。三弟の春浩は一九六五年にロッテ工業を設立。「ロッテラーメン」のブランドで、即席ラーメン事業に力を入れたが、重光に代わって取得した韓国の土地の名義を巡って重光と揉め、袂《たもと》を分かった。「ロッテ工業はお前にやる。だが、金輪際ロッテの名前を使うことは許さない」と言い放つ重光に対し、春浩は「農心」という社名で再出発すると告げた。農心はその後、日韓で人気を呼ぶ「辛（シン）ラーメン」を開発する。商品名は重光一族の本名、〝辛〟からとられている。

「妖怪・岸信介」との邂逅

一方、日本のロッテは一九五〇年代後半に入り、更なる飛躍の時を迎えていた。その一つのきっかけが五八年からロッテが冠スポンサーを務めた「ロッテ歌のアルバム」という音楽番組だった。

「一週間のご無沙汰でした」

往年の名司会者、玉置宏が放送二週目から発したこのフレーズは、瞬く間に日曜日の昼の茶の間に浸透した。そして〝お口の恋人〟というキャッチフレーズとともに、ロッテのガムの知名度を一気に上げる効果をもたらした。西郷輝彦、舟木一夫、橋幸夫の御三家を育てたと言われる歌謡史に残る名物番組だが、のちにザ・タイガースなどのグループサウンズが一大ブームを巻き起こしても、スポンサーであるロッテの強い意向で当初は長髪の歌手やグループは出演させなかったと言われている。テレビ番組を巧みに宣伝に使いながら、礼節を重んじ、常に企業イメージにこだわりを持った重光らしさが窺える逸話である。

重光の類稀なる経営センスは、宣伝の重要性を早くから認識し、多彩なアイデアをすぐに形にして、惜しむことなく経費を注ぎ込む決断力にも現れていた。一九五三年に自社の広告モデル「ミスロッテ」を選ぶイベントをスタートさせ、五六年には南極探検隊にビタミンやミネラルを配合した特製のガムを寄贈して話題を提供した。ロッテの認知度を上げる仕掛けをいくつも繰り出し、一方では業界を俯瞰しながら組織の舵取りをする。その〝複眼〟こそが、重光の持ち味だった。

この頃、彼はロッテのその後の命運を左右する人物との邂逅を果たしている。

一九五七年二月に、第五十六代首相に就任した岸信介である。岸は一八九六年山口県生まれで、東大法学部卒業後、産業こそが国策の中心であるとの信念に基づき、あえて農商務省（その後、農林省と商工省に分離）を選び、商工省の革新官僚として頭角を現す。その後は、満州国の産業開発計画を主導し、在満三年の間に「政治家」に変貌を遂げたと評された。一九四一年に発足した東條内閣では商工相となり、日米開戦の詔勅に署名した一人としても知られる。戦後はA級戦犯容疑者となったが、巣鴨プリズンから釈放されると、公職追放解除ののちに政界に復帰。わずか四年で首相の座に上り詰め、〝昭和の妖怪〟と呼ばれた。

重光は岸との関係を、「ある経済団体の会合で紹介された」とだけ話し、生涯詳しく語ることはなかった。それどころか、岸について尋ねられると露骨に不快感を現すこともあった。一九八七年四月号の「文藝春秋」には、重光が、元朝日新聞ソウル特派員の前川惠司に岸との関係について尋ねられて激高する場面が描かれている。

〈「確かに岸さんとは二十年以上も前に、宣伝会社のパーティで知り合って以来、つきあいがある。しかし……」

と、彼は反発する。

「自分が韓国人だから何かあるなと感じられ、既成事実化されてしまうのはたまらない」

いつもはむしろ、聞きとりにくいほどのしゃべり方をするこの人物が、

「評論家先生の……下種の勘繰りだ……」

と、一瞬いら立って感情をたかぶらせた〉

しかし、ロッテの元常務で、ロッテ球団の代表も務めた松尾守人は、重光の口から岸との抜き差しならない関係について聞かされている。

松尾は異色の経歴の持ち主である。一九三七年福岡県生まれ。早稲田大を卒業後、映画会社の日活に入社し、劇場支配人や映画制作プロデューサーなどを経て七一年にロッテに入社している。松尾がロッテ入社までの経緯を振り返る。

「ロッテは勢いのある会社だという印象がありました。日活にいた私が東北地方の映画館で支配人をやっていた当時、売店ではロッテのガムは扱っていましたが、チョコレート部門はまだ始まったばかりで、明治製菓と森永製菓の商品を定番として置いていました。ところが、いつの間にかロッテのチョコレートも置いてある。現場に理由を聞くと、ロッテの営業担当が、ガムに付いているカードを売店のスタッフに配って、上手に取り込んでいたことが分かった。そのカードは懸賞付きで、集めると炬燵《こたつ》や時

計が当たるという。凄い商売のやり方だなと思う反面、他の製菓会社は、自社の商品を置いてもらおうと仙台支社からも人が来て、支配人である私を接待しようとするのに、ロッテは一切しない。その頃は映画界が活況を呈していて、劇場はどこも超満員。そんなことはお構いなしで、自社のセールスのやり方を通すロッテのことを内心凄いなとも思っていたのです」

プロデューサー時代にもロッテの勢いを感じる場面があった。松尾が作家の梶山季之と新宿のクラブで映画の原作のことで打ち合わせをしていた時、隣でドンチャン騒ぎをしている一団がいて、店の女の子もそちらに付きっ切りだった。

「随分派手に遊んでいるな」

この頃、松尾がいた日活は、斜陽化の波が押し寄せ、映画制作が中止に追い込まれるなど、かつての勢いが失われつつあった。その隣で景気よく騒いでいたのは、ロッテの関東営業部の社員たちだった。のちに、彼らは会社の金を不正に使って遊んでいたことが発覚するのだが、当時の松尾には、ロッテの活気が眩《まぶ》しくみえた。

その後、縁あってロッテに入社した松尾は、主に管理畑を歩み、秘書室や総務課に加え、監査や労務まで幅広く経験。のちにロッテ球団の代表も任されるなど、重光の最側近となっていく。

その松尾が、折に触れて重光から聞かされてきた岸信介との深い関係。その最たるものが、天然チクルを巡って繰り広げられた駆け引きの一端だった。

一九五九年七月、ロッテは二十六社が申し込んだ天然チクルの輸入割当のうち、総量の四分の一を獲得している。それは徹底した政治工作の賜物であった。

「重光さんが頼った最初の〝政治力〟が岸さんです。天然チクルの輸入規制や割当については、農林相にも掛け合い、農林官僚の元には部下を走らせたそうです。その結果、天然チクルの輸入枠の確保を実現し、天然チクルのロッテとして一気にガム業界トップへと駆け上がっていったのです。岸さんには恩義を感じ、政界を引退された後も現役の政治家と同じように百万円単位の寄付を行なっていました」

当時の農林相は、一九五九年六月に岸内閣で初入閣を果たした福田赳夫である。岸の後継と目された大蔵官僚出身の福田は、のちにガムの輸入自由化を巡る攻防でも、大蔵相としてロッテの助けとなる。

天然チクルで勝機を摑んだロッテは一九六一年、さらに追い打ちを掛ける前代未聞のキャンペーンを展開した。天然チクル（天チク）を一般消費者に浸透させるための

「特賞1000万円ロッテ天チクセール」である。

それは新聞やテレビ、ラジオを使って大々的に宣伝した懸賞企画だった。ロッテのガムについている応募券を百円分集めて一口にし、ロッテ本社に送ると抽選で一名に一千万円が当たるという内容である。当時の一千万円は今の一億円に相当し、その金額の大きさは凄まじい反響を呼んだ。ロッテのガムは飛ぶように売れ、売り切れ店が続出。本社には七百六十万口の応募が殺到した。その過熱ぶりに公正取引委員会も介入に乗り出し、翌年には景品表示法が制定され、同様の大型懸賞が禁じられたほどだった。

かくしてロッテは、長年後塵を拝してきたハリスを売上高で抜き去り、ついに国内トップの座を勝ち取るのである。

政界人脈と不動産

一九六一年はロッテが次のステージに進む節目の年でもあった。

ロッテが日本のガム業界を制すると、重光は資本金八千万円でロッテ不動産を設立した。そして日本各地の有望な不動産の買い付けに乗り出していく。

ロッテ不動産の元社員が振り返る。

「当時新大久保のロッテ本社の近くに、大正十二年生まれの傷痍《しょうい》軍人の方が不動産屋を経営していました。同世代だったから馬が合ったのか、そこを重光会長が訪ねて、彼を部長待遇でロッテ不動産に招聘《しょうへい》した。基本的にはその方とロッテ不動産の社長に就いた重光会長が直接やり取りして、購入する物件を決めていました。将来の財務基盤の安定化を考え、値上がりが期待できる物件を選んでいましたが、転売が目的ではなく、基本は長期保有で、工場用地などの開発を狙ったものでした」

現在、ロッテは埼玉県の浦和市、狭山市、滋賀県近江八幡市、福岡県筑後市に工場がある。なかでも浦和工場は約四万坪の敷地内に、食品の研究拠点である中央研究所や球団の二軍が本拠地にしている野球場も併設されている。一九六四年に工場が完成した当時は最寄り駅が遠く、従業員はバス通勤を余儀なくされた。だが、一九八五年に埼京線が開通すると、武蔵浦和駅が誕生し、武蔵野線の利用も可能になった。ロッテ不動産元社員が続ける。

「通勤至便となり、地価が跳ね上がる前に安く土地を取得している。そこに先見の明があったことは確かです。バブル期には不動産だけで一兆円相当の資産があると言われたものです。二〇〇五年頃に私が確認した時は、ロッテグループ全体で全国に二百八十一カ所、二千六筆、四百二十万坪の不動産を保有していた」

例えば、富士吉田から山中湖に抜ける国道沿いにある忍野《おしの》村の広大な土地。ここは現地に工場を持つ産業用ロボットの世界的シェアを誇る製造会社から買収の打診があり、結果的に高値で売り抜けている。

「東京都が払い下げた東京湾の埋め立て地も、安く手に入れた後、開発が決まり、高く売れました。そうかと思えば、目論見が外れたケースもありました。将来のリゾート開発や離島振興も期待できるとのアドバイスを得て取得した八丈島の土地は、使い道がなく、長く塩漬けになっていました。大手の不動産デベロッパーなどから岩手県の岩洞湖周辺の土地の取得を持ち掛けられ、翻弄されたこともありました。当時は一九七〇年代の日本列島改造論ブームの影響もあって岩手への遷都説が浮上し、岩洞湖周辺は、その候補地とされていました」

十人足らずの少数精鋭のロッテ不動産社員を集めて行なわれる会議では、この元社員も直接、重光とやり取りをした。自治体から公共用地として取得したいとの要請や道路などの公共事業の話が持ち込まれると、原則として協力するという姿勢は徹底していたという。「ただ、少人数の会議なのに、重光社長にはなかなか名前も覚えてもらえず、ずっと『君ね』と声を掛けられるだけでしたが」と元社員は当時を振り返った。

しかし、一転してバブル期には土地の買収には一切手を出さず、マネーゲームの狂乱に加わることはなかった。重光はロッテ不動産設立当初から独自の人脈を駆使して物件情報を得て、躊躇《ちゅうちょ》なく土地を取得していった。

それは、あたかも彼が政治との関わりを深めていく動きと軌を一にしているかのようでもあった。

過去の官報の記録を確認する限り、ロッテ名義で初めて政治献金が行なわれたのは一九六一年のことである。献金先は、衆議院議員の藤枝泉介の政治団体「藤泉会」。金額は六万円で、翌年にも五十万円が献金されている。藤枝は内務官僚から政界に転じ、防衛庁長官や運輸相、衆院副議長などを歴任した親韓派の議員である。高校野球の名門、作新学院の創立者を父に持ち、政治家一家として知られた「船田三兄弟」の末弟で、長兄の船田中は衆議院議長を務めた。

重光は、船田と藤枝の兄弟とは、かなり親密な関係だったとされる。

重光の実弟、宣浩は当時ロッテに度々姿を見せていた船田の姿を覚えていた。

「船田さんは兄に会うために度々足を運び、肩書きのある方なのに、先客があると三十分、四十分とずっと座って待っていました。随分熱心なので、何か頼み事でもあるんだろうと思って見ていましたが。兄は自民党の中枢の政治家とはかなり広く付き合っていました。飲食を共にしたり、時には会食の席から兄のもとに電話が掛かってくることもあった。『あとで行きますから、みんなでやっていて下さい』と答えていたので、誰からの電話かと尋ねると、『首相だ』と。ただ、その付き合いを口外することはありませんでした。例えば岸さんは私が浦和の工場長をやっている時に旅行帰りに、小学生くらいのお孫さんを連れて来たこともあった。私の記憶では三回ほどそんなことがありました。工場で作っているチョコレートを目当てに連れて来ていたのですが、それがのちに首相になる安倍晋三さんでした」

重光と藤枝のつながりについては、一九七六年に刊行された『資料・日韓関係Ⅱ 人脈・金脈・ＫＣＩＡの実態』に、川島正次郎の派閥「交友クラブ」の長老代議士の匿名証言が掲載されている。川島は岸内閣で自民党幹事長を務め、一九六二年に岸派が分裂すると交友クラブを結成し、その後は自民党副総裁に就任。脇役に徹して政界を自在に遊泳する様から、〝寝業師〟と異名をとった大物である。

〈一九六〇年から一九六一年のことだったと思うが、ロッテの重光（在日韓国人）という男から『二百万円の献金をしたい』といわれたことがある。『だれに言われたんだ』と聞くと、『実は藤枝泉介さんからだ』という。藤枝は船田中の弟で、交友会の会計をやっていたんだが、その船田が重光のバックアップを受けていたこととも関係があったように思う〉

ロッテのその後の献金の記録を追うと、そこには一九六五年の日韓基本条約の署名を経て、実現した日韓国交正常化というキーワードが浮かぶ。当時、基本条約の批准手続きを巡り、国会は紛糾した。いわゆる〝日韓国会〟だが、船田は衆院議長として強行採決を断行。のちに、その責任をとって辞任している。

重光が日韓国交正常化交渉にどう関わっていったのかは、次章で詳述するが、そこを起点として、彼は自民党に惜しむことなく資金を注ぎ込んできた。

一九六五年を例にとれば、日韓国交正常化の功労者である大野伴睦が率いた派閥「睦政会」に百万円、そして船田派の「一新会」に百万円。さらに日韓問題懇話会の座長を務めた親韓派の石井光次郎の派閥「蓬庵会」に百三十万円の寄付がなされ、翌六六年には三十万円と続く。

その後、ロッテの表献金の系譜は一九七二年で一度途切れている。この年は、七年八カ月続いた佐藤榮作政権の後継を巡って、田中角栄と福田赳夫が総裁選で火花を散らし、「角福戦争」を繰り広げた。ロッテの献金先は派閥を超えて複数に及んでいるが、その一つが、のちに現職の防衛庁長官として初めて韓国を訪れた山下元利の政治団体「江西会」への百万円の献金である。山下は中学を中退して弟妹を養いながら専験（旧制高校などへの入学検定）をパスし、東大に入った苦学の政治家として知られる。大蔵省入省後は税務畑を歩み、広島国税局長を最後に退官して政界に進出した。田中内閣が発足すると、当選二回ながら官房副長官に抜擢されるなど、角栄の秘蔵っ子として、以後は田中派の後継者の有力候補の一人と目されていた。ロッテは山下に対しては韓国とのつながりよりも、むしろ税務の専門家としての将来を期待して支援していた節が窺える。

そしてロッテは、一九八二年には、自民党の政治献金の窓口である国民政治協会にロッテの関連会社六社から計三千百万円、翌年にはロッテと関連会社八社から計三千二百万円と一気に献金額を増やしている。十年間表立った献金を行なわなかったのは、田中政権が一九七四年に「文藝春秋」十一月号に掲載された、立花隆の「田中角栄研究―その金脈と人脈」と児玉隆也の「淋しき越山会の女王」という二本の記事を発端に退陣に追い込まれたことと無縁ではない。田中金脈問題を受け、翌年行なわれた政治資金規正法の改正で、個人や企業からの献金に上限が設けられ、八〇年には政治団体の事業収入が公開対象となった。政治資金に厳しい目が向けられるようになったことを考慮して、目立つ動きを避けたのだろう。

ただ、その間も形を変えた親韓派議員への支援は行なわれていた。佐藤榮作内閣で外相として日韓国交正常化をまとめ、川島の交友クラブを引き継いだ椎名悦三郎が一九七八年に設立した「社団法人国際経済政策調査会」(現在の一般社団法人国際経済政策調査会)なる団体がある。翌年九月に椎名は亡くなり、後継者である次男の椎名素夫が長く理事長を務めたが、この団体にロッテは資金援助をしていたと言われている。事情を知る自民党関係者が明かす。

「日本語の団体名は国際経済政策調査会ですが、英語表記では、ポリシー・スタディー・グループ、通称PSGです。政治家が任意団体を作って会費制で政治資金を集めるケースは当時もありましたが、社団法人を立ち上げた事例は珍しかった。ロッテはこの団体に対して会費のような形で資金を拠出していたとされています」

重光の秘書を七八年から四年間務めていたロッテの元常務、松尾は当時の政治献金について「古い話だからお話ししますが」と前置きをしたうえで、こう明かした。

「日韓国交正常化が纏まった後も、岸さんが会長を務めた日韓協力委員会や日韓議員連盟の先生にはとくに手厚く献金をしていました。名前が出ない形で、しかも政治資金規正法に抵触しないよう苦慮しました。パーティー券を購入するためだけの会社を作るなどして、議員一人にお盆と暮れに百万円単位で資金を拠出していた。総裁選となると政治資金規正法の縛りを受けないため、ある自民党の総裁候補の方には、五千万円を渡したこともあります。私は重光になぜそこまでするのかと、それとなく尋ねたことがあるのですが、その時は『何も直接お願いすることはないんだけど、いいじゃないか。それくらいは』と多くは語ろうとしませんでした」

松尾が、一九八一年当時の献金先が書かれたメモを見ながら読み上げたのは、政界を引退していた岸信介のほかに次の名前である。竹下登、津島雄二、山下元利、谷川寛三、大原一三、越智通雄、塩崎潤、福田赳夫、原健三郎、石井光次郎、中曽根康弘、佐藤一郎、増田信彦、安井謙、鳩山威一郎、大平正芳、石原慎太郎、大河原太一郎、村山達雄、倉石忠雄、石橋一弥、小坂善太郎、佐藤信二、安倍晋太郎、中川一郎、田中龍夫、そして大蔵省退官後の八三年に民社党から出馬する安倍基雄。

経営者としてあくまで商売に徹してきた重光が、政治色を強めていった一因は祖国・韓国に起こった〝政変〟にある。一九六〇年、反日を掲げてきた李承晩政権が四月革命の大規模な民主化デモによって倒れ、張勉《チャンミョン》内閣による〝第二共和国〟がスタートする。しかし、その約一年後、日本の陸軍士官学校出身の朴正熙が、軍事クーデターで一夜にして首都を制圧。国家再建最高会議議長に就任し、政権を掌握していく。

朴正熙は選挙を経て、一九六三年十二月に大統領に就任することになるが、実はそれに先立つ六一年十一月、彼は初訪米の途中で東京に立ち寄っている。公式訪問ではないが、国賓級の待遇で迎えられた朴議長は、サングラス姿のままで当時の池田勇人首相と握手を交わした。自民党幹部らも対応にあたり、首相官邸では歓迎の晩餐会も催された。翌日には初の日韓首脳会談も実現したが、その約三十時間の短い滞在中に、重光も在日韓国人の有力財界人、辛格浩として朴正熙と面談を果たしたとされる。

重光はこうして政治のダイナミズムのなかに自ら飛び込み、祖国との関係を取り戻していくのだ。

第四章

母国への帰還

朴正煕からの手紙

重光が、韓国に里帰りを果たしたのは一九六二年四月のことである。実に二十一年ぶりの帰国だった。これは同年に還暦を迎える父を祝う帰郷でもあった。

重光は空港で出迎えた家族に韓国語で話しかけようとしたが、長いブランクで言葉を忘れ、ほとんど喋れなかったという。彼は顧問を務めていた在日韓国人商工会連合会（韓商連。現・在日韓国商工会議所）の一行とともに首都・ソウルを巡った。ホテルのレストランや町の食堂にも人はまばらで、貧しい祖国の現状に衝撃を受けたとされる。

当時の韓国は前年の軍事クーデターにより、政権を掌握した朴正煕による独裁体制が始まったばかりだった。同時に、〝開発独裁〟と呼ばれた政府主導の経済開発で、韓国が工業化に向けて大きく舵を切った時でもあった。政府は六二年から五カ年ごとに経済開発計画を打ち出し、国内での工業団地の整備や海外資本の工場誘致を推進した。なかでも日本で成功を収めた在日同胞による投資をとくに重視していた。

韓商連は一九六二年二月に結成されている。初代会長は日韓経済協会の副会長でもあった李康友で、重光と親しい「モナミ」社長の許弼爽は副会長を務め、顧問には在日本大韓民国居留民団（現・在日本大韓民国民団）中央本部の権逸《クオンイル》団長も名を連ねた。母国を訪れた韓商連の一行は、政府に対して経済協力をする代わりに、在日同胞の企業に対する格別の配慮を求め、政府側は韓商連に唯一の在日経済団体としての認定を与えている。

重光は、韓商連の顧問としての〝公務〟を済ませると、蔚山から山間部に向かって約十五キロの場所にある故郷の地、蔚州郡三同面芚基里へと向かった。約八十戸の小さな農村で、七年後にはダム建設によって湖底に沈むことになるが、この時は辛うじてまだその集落は現存していた。

そこで盛大に催された重光の父、辛鎮洙の還暦祝いの様子が、朝鮮日報編集局の崔青林が編者を務めた『韓国財閥の総帥たち』にはこう記されている。

〈祝いの席には数千名の祝賀客が集まった。郡内全部がわきたったお祝いだった。

ベラボーに金を儲けた辛氏を見ようという好奇心の多い人までが集まって来た〉

当時、故郷の人々は重光のことを「日本で金を儲けた人」とだけ認識しており、野次馬が殺到した様子が見て取れる。彼らはこの時初めて、凱旋を果たした重光が、刻苦勉励し、執念のすえに大企業群をつくりあげた立志伝中の人物だと知ることになった。そして重光は、自らが韓国人〝辛格浩〟だと再認識するとともに、祖国への思いを強くしていくのだ。

実は、重光の元には朴正煕から「祖国の経済発展のために投資して欲しい」という一通の手紙が届いていたという。

ロッテの元専務が振り返る。

「重光さんはその手紙に当初は戸惑っていました。だから、私は自分の経歴を説明したうえで、『私は朴正煕さんと会ったことがあります。彼の側近とも親しいです』と話したのです。私は韓国生まれですが、少年時代を大阪で過ごしました。戦後は韓国に戻り、英語が話せたので、米軍の通訳の仕事をやっていました。一九五〇年に朝鮮戦争が勃発すると、国連軍が組織され、韓国軍に加えて十六カ国が参加。その指揮官などが集まる様々な会議で、私は同時通訳を任されていました。その場に出席していた朴正熙とは顔見知りになっていましたし、彼に副官として仕えていた朴泰俊《パクテジュン》とは年も同じで、少年時代を大阪で過ごしたという境遇も似ていたことから、一気に親しくなったのです」

朴正熙は軍事クーデターに成功すると、すぐに信頼する側近を呼び寄せ、国家再建最高会議の議長秘書室長に任命している。その側近こそが、のちに浦項《ポハン》総合製鉄（現・ポスコ）の初代社長や国務総理（首相のこと）を務めた朴泰俊である。彼は最高会議で、商工担当最高委員も兼務し、国の経済政策のグランドデザインを描く立場でもあった。

ロッテの元専務が続ける。

「朴正熙と秘書室長の朴泰俊の関係は、私と重光さんの関係に似ていました。私は大学の博士課程で助教として働いた後、新聞の管理職募集の広告をみてロッテに入りました。のちに韓国事業を任されることになったのですが、通訳の仕事を通じて韓国や米国にも人脈があったことで、重光さんは私をとても信頼してくれました。詳しいことは申し上げられませんが、その後、韓国でのロッテホテル建設に向けた折衝などを行なうなかで、現地の役人からの横槍もあって、様々な障害に突き当たりました。その時に朴泰俊に連絡すると、『ロッテは愛国的な企業だから支援しなさい』という朴大統領の指示を伝えてくれた。朴大統領からも『重光さんは在外同胞の中で一番韓国に貢献している人だから、重光さんの事業は各所をあげて支援するように』との口添えがあったようです。たいていの役人は、それで道を開けてくれたものです」

重光が〝衣錦還郷〟の思いを強くしていくなか、在日同胞の経済人の先陣を切って祖国に進出を果たしたのは、韓商連の名誉顧問でもあった阪本紡績の阪本栄一だった。彼は銀行管理下にあった韓国最大の紡績会社を買収し、一九六三年にソウルに邦林紡績を設立。本国への投資を本格化させていった。阪本紡績の元社員が振り返る。

「朴正煕は最初、阪本さんに『本国に帰って来て商工担当の大臣をやって欲しい』と打診したそうですが、阪本さんは『私は日本で成功しただけで、大学も出ていないし、とても大臣は務まらない』と断わった。すると朴正煕は『それなら産業を持ってきて欲しい』と。阪本さんは百億円規模の投資でこれに応え、国内最大級の紡績工場を作ったのです。綿も全て日本で仕入れたものを韓国に持ち込み、それだけでも金額は十億円を下らなかった」

さらに大邱《テグ》市には潤成紡績を創業し、グループ全体で約四千人に及ぶ韓国人の雇用を生み出した。韓国では、阪本栄一という日本名を封印し、あくまでも邦林紡績を率いる徐甲虎として振る舞ったが、現地には在日韓国人への差別感情があり、「日本の中古の繊維機械を持ってきた」「日本の資本が韓国を支配しようとしている」などという誹謗中傷にも悩まされた。

そして〝悲劇〟が起こった。先の阪本紡績元社員が明かす。

「潤成紡績の工場の操業を目前に控えた朝に、工場から出火し、ほぼ全焼でした。出火原因は不明でしたが、放火の噂もありました。その日、阪本紡績の顧問を務めていた私の父のところに阪本さんから電話があり、『先生、韓国の工場、みな焼けました』と言う。『なに言うてんの？』と返すと、『いや、朝火事やからな。朝火事は縁起がいいんですよ』という会話があったそうです。懐の大きい人でしたが、この火事を境に資金繰りが悪化し、韓国事業からは撤退。日本で手掛けていた不動産事業なども振るわず、一九七四年、阪本紡績は関連会社を含め、六百四十億円という繊維業界で戦後最大の負債を出し、倒産することになりました。阪本さんはその二年後に失意のまま病死していますが、『韓国に進出したことは後悔していない』と生前に話していたそうです」

同郷人である阪本の行く末を目の当たりにしながら、重光は韓国で成功するために必要な〝プラスアルファ〟を模索していくことになる。

チョコレート旋風

一方、日本は戦後復興から高度経済成長へと向かう上昇気流の只中にいた。東京五輪が開催された一九六四年、ロッテは満を持してチョコレート事業に参入し、その勢いをいち早く摑んだ。

重光の元側近が明かす。

「売上高の大きなチョコレートは、大手菓子メーカーの仲間入りをするには避けて通れない道でした。ただ、チョコレート作りに不可欠なミルクの確保が難題の一つでした。ライバルとなる明治製菓や森永製菓などが系列の乳業会社から原乳を確保していたことが影響し、ロッテは大手乳業四社から協力を断わられた。そこでミルク確保のために牧場を作ろうとしたのです」

第三章でロッテが、グループ会社のロッテ不動産を通じて全国各地に不動産を取得していった経緯について触れたが、富士吉田や八丈島、そして岩手県の岩洞湖周辺の土地は牧場用地としての使途も視野に入れた動きだった。しかし、結果的にロッテは牧場を作らず、粉乳などを使用して難局を乗り切った。ロッテにとってチョコレート事業は大いなる挑戦だった。

社史『ロッテのあゆみ30年』にはその時の状況がこう綴られている。

〈チョコレートの生産は菓子の重工業といわれるくらいの大事業であった。主原料はカカオ豆、ミルク、カカオバター、砂糖であり、その組み合わせと製法により千変万化の味が生まれる。なにしろ「味の芸術品」といわれ、それを生みだす製法は、どこのメーカーでも秘中の秘とされていた。（中略）やらねばならないことは、いかにも多すぎた。第1には優秀な技術者の確保、第2には輸入制限をおしてのもっとも近代的な機械設備の調達である。これらを準備する一方で、日本のおもなチョコレートメーカーの製品と設備が、徹底的に分析・研究された。

こうして「チョコレート生産準備計画書」が作成されたのは昭和36年11月1日のことであった。ただちにヨーロッパへ飛び、機械設備の調達と技術者探しが始まった〉

社内でも保秘が徹底され、計画は秘密裏に進められた。

ロッテに入社して三年目を迎えていた重光の実弟、宣浩も技術者探しや情報収集に奔走し、八面六臂の活躍をみせた。宣浩が振り返る。

「大手商社の海外支社の協力を仰ぎながら、欧州の大手菓子メーカーを引退した経営者や研究責任者、工場長などを当たりました。ドイツのハンブルクでは、最高級のホテルで、ホールを貸し切ってパーティーを開いた。奥さん同伴で参加するよう誘い、日本からトランクに詰め込んで持って来た真珠のネックレスなどのお土産を渡しつつ、三日ほどかけて飲食を提供しながら接待をするのです。

一流会社の工場長だった人も、役付きとなって現場を離れて数年が経つと寂しさを感じるものです。こちらがいろいろ尋ねると躊躇《ためら》うことなく全てを話してくれました。それを具《つぶさ》に記録していくと、欧州の菓子業界が手に取るように分かり、確かな技術情報を得ることができたのです」

そのうちに難航していた技術者探しにも光明が差し始めていく。ロッテが白羽の矢を立てたのは一九二一年スイス生まれのマックス・ブラック。チューリッヒ大学機械科を卒業後、スイスやオーストリア、フランスでチョコレート工場技師として活躍した欧州チョコレート界の実力者であった。

重光は彼に全権を委任するとともに、浦和市郊外に取得していた三万坪（当時）の広大な土地に、最新鋭の機械を備えた約四千坪のチョコレート工場の建設を急ピッチで進めた。弟の宣浩が続ける。

「当初は一日に二十五トンの生産を目指す規模を想定していましたが、それではライバルとの競争に勝てないばかりか、到底ペイしないことが分かった。そこで倍のスケールの生産量を提案しました。しかし、最大の課題となったのが資金調達でした。チョコレート工場には巨額の設備投資が必要でしたが、主要な取引銀行はチョコレート事業参入に反対で、提案書を持って何度足を運んで交渉しても、どこも貸してはくれませんでした」

その時、救いの手を差し伸べたのが、大手商社の丸紅飯田（現・丸紅）だった。当時副社長だった檜山廣の後押しで、丸紅が機械を肩代わりして契約してくれた。ロッテは延べ払いにしてもらうことで活路が開けたという。一九六四年に五十四歳の若さで社長に就任した檜山はその後、ロッキード事件で有罪判決を受けることになるが、彼は丸紅〝中興の祖〟と呼ばれた実力者だった。

さらに初期投資の不足分はメインバンクに代わり北陸銀行新宿支店が協調融資の音

頭をとった。それを取り仕切った当時の支店長は、功労者として後にロッテグループの役員に迎えられた。苦境に陥った時、必ず重光には意外なところから援軍が現れる。運を引き寄せる力は、彼の人徳だけではなく、政治力、そして経営者としての慧眼《けいがん》の賜物でもあった。

ガムメーカーだったロッテは一九六四年二月、ついに「ロッテガーナミルクチョコレート」の発売に漕ぎ付け、チョコレート市場に旋風を巻き起こした。その火付け役となったのは、またしても重光が仕掛けた奇抜な宣伝戦略だった。

東京では、真っ赤なガーナミルクのパッケージがプリントされた手提げ袋を手にした女子大生の集団が一週間にわたり、繁華街を練り歩いた。その正体はロッテがアルバイトとして雇った女子大生だった。さらに一週間に五百本ものスポットＣＭを流し、テレビでガーナミルクを印象付け、冠番組である「ロッテ歌のアルバム」では、ガーナミルクの包装紙を送ってくれた人を抽選で番組の公開録画に招待するキャンペーンを展開した。

商品は発売直後から大反響を呼び、卸店からは追加注文が殺到したが、ロッテはその人気に胡坐《あぐら》をかくことなく、その後も品質維持への努力を惜しまなかった。ガムの時の天然チクルのように、ガーナミルクの味の〝売り〟であるカカオの仕入れルートの確保には殊《こと》の外《ほか》、力を入れたという。

重光の弟、宣浩が当時の秘話を明かす。

「ガーナとナイジェリアのカカオ豆の品質がいいとされており、毎年通っていました。現地でジープを二台借り、通訳や案内人を手配するのですが、まず拳銃を二丁手に入れ、撃つ練習をするよう言われました。治安が悪いので、途中で車が故障したと思っても、襲撃される恐れがあり、決して停まらないようにとも言われていた。毎年シーズンが始まる八月一日に行き、豊作か不作かを確認するのですが、現地の人はその様子から収穫量をピタリと予想する。そこから天候なども勘案しながら相場を読むのです。いかに安価でいいものを仕入れるかが勝負どころでもあり、一度に三年分を買い付けたこともあります」

こうして総合菓子メーカーへの道を歩み始めたロッテには、重光の故郷である韓国への進出を迫る声が以前にも増して高まっていく。しかし、重光の身内、とくに妻、ハツ子の実家である竹森家は韓国進出には反対だった。それは重光が、日本での儲けを韓国に持ち込み、日韓の政治的な渦に巻き込まれていくことを懸念しているからに他ならなかった。

日韓国交正常化

重光は、二十一年ぶりに韓国への帰国を果たした一九六二年四月以降、日韓国交正常化に向けて橋渡し役を担うようになる。日本国内では親韓派の頭目である岸信介やその後継だった福田赳夫との親交を通じて親韓派議員に人脈を築いていったが、一方では独自に朴正煕政権の中枢との縁も手繰り寄せていく。

そのキーマンの一人が韓国銀行の総裁を経て、朴政権で副首相を務めた劉彰順《ユチャンスン》である。劉は韓国銀行時代、一九五一年に新設された東京支店に支店長として赴任している。重光とはその時期に知り合った。

重光の長男、宏之も劉と面識があるという。

「人間ができた実直な方という印象があります。父はお酒が強くなかったので、一緒に飲み歩いたりはしていないと思いますが、二人は気が合った。朝鮮戦争の頃、父は外貨不足の韓国銀行に約五千万円の預金をして助けたりしていて、いい関係が続いていました」

重光は、劉と近い裴義煥《ペウイファン》駐日大使とともに、日韓国交正常化の〝下交渉〟の場に韓国側として出席。その痕跡は、日韓交渉の公文書などを纏めた「日韓国交正常化問題資料」のなかで、裴大使から韓国外務部長官宛ての電報に記されている。

一例が一九六二年六月六日の報告である。

〈当地僑胞実業家であるロッテガム会社社長辛格浩は6月5日午後に本人（裴大使）を訪問し、同日午前に伊関アジア局長と外務省事務室で面談したが、その内容が以下の通りだと伝えてきたので報告する。（ロッテ会社社長辛格浩は、韓国商工会顧問として当地僑胞の間で人望が高く、韓日実業家の間で信望の厚い者だが、大蔵省理財局長稲益繁と個人的にまたは家族的にひじょうに厚い親交関係を持っているという。）〉

その報告内容は、伊関局長の訪韓時期、池田首相の対日財産請求権に関する意図、無償援助や借款の額にまで及んでおり、重光がメッセンジャーとしての役割を担っていたことを窺わせる。他にも重光は、韓国人旅行者が、入国管理局長の横暴によって日本での滞在時間を二十四時間に短縮されている窮状を実名を挙げて伊関局長に報告したと説明している。

さらに一九六二年八月九日には、裴大使と当時の大平正芳外相の意を受けた「日韓親和会」の理事で、明治大学の大野信三教授らとの夕食会に「辛格浩」として同席している。裵大使から外務部長官への報告によれば、その場では請求権について踏み込んだ議論が行なわれ、〈大野氏は請求権に賠償が含まれているのは不当だとして、請求権に在韓日本人財産との相殺を主張したので、本職は我が側の立場で説明した〉〈韓日問題は結局池田（勇人）氏が妥結することになるので、大野氏は岸（信介）、石井（光次郎）氏にも余り注意を払う必要がないと言った。（これは学者としての大野氏の意見で、政界の共通した意見ではない）〉と記されている。

しかし、翌日午後に大平外相が積極派の石井を訪ねて、石井の日韓問題の見解を聞いたとの情報を得ると、裵大使はすぐに石井と面談し、大平外相が日韓問題の早急な解決に傾きつつあることを聞き出している。つまり、重光は日々刻々と変化する政治交渉の現場で、警戒感なく同席を許される数少ない存在となっていたのである。

日韓国交正常化交渉では、対日請求権問題で日本が韓国に払う金額が最大の争点になっており、その韓国側のキーマンが、大統領直轄の情報機関、中央情報部（ＫＣＩＡ）を創設し、初代部長に就任した金鍾泌《キムジョンピル》だった。ＫＣＩＡは米国の中央情報局（ＣＩＡ）をお手本にした韓国版ＣＩＡだ。そのトップである金鍾泌は、朴正熙の姪と結婚した、いわば身内であり、朴大統領からは絶大な信認を得ているとみられていた。彼は一九六二年十一月に来日し、大平外相と会談を行ない、妥協案を模索。十六歳年上の大平に対して、厳しい条件を突き付け、「無償支援三億ドル、有償支援二億ドル」などと合意内容を記した「金・大平メモ」を残し、国交正常化への道筋をつけた。韓国政界随一の知日派だが、その金鍾泌が時折、重光の元を訪れていたことを実弟の宣浩は覚えている。日本の政界に通じた重光は、韓国の要人にとっても無視できない存在だったのだ。

ロッテ元常務の松尾は、日本と韓国の狭間にいた重光が、当時どんな心境だったのかを尋ねたことがある。重光は松尾に対し、「立場上、韓国側で話はしたよ。ただ、僕は日本の事情も分かるから、折り合いがつく金額で話をしたさ」と言葉少なに語っただけだった。

そして一九六五年六月、喉頭がんで入院し、退陣した池田勇人の後を継いだ佐藤榮作内閣のもとで、日韓基本条約が締結された。同時に結ばれた日韓請求権・経済協力協定では、経済協力資金という名の事実上の賠償金として、日本が韓国に三億ドルの無償資金と二億ドルの有償借款、さらに民間ベースで三億ドルの商業借款を供与することで合意。これにより、請求権問題は「完全かつ最終的に解決された」と明記されたが、それが長い年月を経て元徴用工を巡る判決で再燃し、現在の日韓関係に影を落とすことになる。

重光にとって日韓国交正常化は、韓国進出に向けた大きな弾みとなった。訪韓の際に、朴大統領と面談する機会も得、李承晩政権下で韓国に〝遠隔操作〟でロッテを設立し、失敗したトラウマを乗り越え、本格的に祖国凱旋を果たす素地が整ったのだ。

重光は日韓国交正常化を喜び、ソウルの大統領官邸（青瓦台）に冷暖房設備を寄贈したという。

重光の実弟、宣浩は韓国進出を逡巡し、煮え切らない態度をとる兄を、当初は歯痒い思いでみていた。

「ロッテは凄く有利な立場だったので、銀行筋からも様々な提案が持ち込まれていました。日本と韓国の金利差を利用し、低金利の日本でお金を引っ張り、高金利の韓国で運用すれば、儲けることは容易いと思っていましたが、兄は労せず儲けることを由としなかった。様々な事業計画を練り、兄の家まで行って夜遅くまで二時間、三時間と話をするのですが、決まっていつも『もうちょっと慎重に考えてみてくれ』と首を縦に振りませんでした」

一九六七年冬。ちょうどソウルに滞在していた重光は、韓国の副総理兼経済企画院長官の張基栄《チャンギヨン》から呼び出しを受け、青瓦台へ向かった。そこで重光は、「韓国で製鉄所をやってみないか」という思わぬ提案をされた。その場では、こんなやり取りが交わされた。

〈「私のような素人にできるんでしょうか」。率直に尋ねた私に、副総理は「韓国政府はあなたにやってほしいと考えている」と重ねて答えた〉（朝日新聞八八年七月三日付）

帰国した重光は、趣味の囲碁を通じて親しくしていた富士製鉄の永野重雄社長を訪ねた。最初は「個人で製鉄所ができるはずはない」と歯牙にもかけなかったが、重光が祖国への貢献を熱く語ると、次第にほだされ、「建設の可能性について研究してあげよう」と設計チームを派遣してくれたという。さらに重光は、川崎製鉄や八幡製鉄にも相談を持ち掛け、国内だけでなく欧米にも足を延ばし、製鉄工場を見て回った。

弟の宣浩も技術者を集め、計画書の作成にも加わった。

「ところが計画書が完成しても、そこから先へは一向に進まない。兄は真っ直ぐな人なので、国のためを思ってやっていましたが、実は政権側の誰かから政治資金という名の賄賂を求められていたようです。兄は『韓国はどうかしている』と溢《こぼ》していましたが、結果的に朴政権は土壇場で『製鉄は国営にする』と発表。ロッテは絶好の機会を逃しました」

韓国政府が重光を選ばなかったことには他にも理由がある。重光は、日本の技術や機械を導入し、建設費はロッテの負担金以外は、日本を始めとする海外からの借款で賄うことを想定していたが、韓国政府が期待したのは欧米の支援だった。米国から技術を導入すれば、米国からの借款を受けやすいという読みもあり、韓国政府は米国コパーズ社を筆頭にして欧米五カ国八社で構成されたコンソーシアムとの間で契約を締結する。しかし、技術的にも古いうえ、設備コストの増大は誰の目にも明らかだった。結局、その計画は世界銀行による監査を通過できず、白紙化に追い込まれた。計画そのものが荒唐無稽であり、韓国政府の無能を晒す結果になった。

そこで、朴正熙から製作所建設を託されたのが、朴政権の初期に秘書室長を務めた朴泰俊だった。彼は秘書室長を退いた後、朴大統領の特使として日韓国交正常化の根回しのために来日した。早稲田大で機械工学を学んだ経験があった朴は、日本の政財界の指導者らと意見交換をしながら、対請求権資金を使って韓国の工業化を進める方法を模索してもいた。一九六四年には、赤字に喘いでいた国営の大韓重石の社長として送り込まれ、わずか一年で黒字経営に転換する辣腕を発揮した。そして、この製鉄所のプロジェクトの牽引役を任されたのだ。

終戦まで早稲田大で過ごした朴は、かねてからロッテとは近しい関係だった。重光の側近だった元専務と気脈を通じていただけでなく、重光の元にも足繁く通うようになった。重光の実弟、宣浩は朴泰俊が兄の元を訪れ、製鉄所の建設について意見を交わしていた場面に遭遇したことがあるが、「兄と朴泰俊では想定する事業規模にも大きな隔たりがあり、話が噛み合っていないように思った」という。

重光にとっては最初から自分に任せていれば、こんなことにはならなかったという口惜しい思いがあったのだろう。ロッテが作り上げた計画書は、一九六八年四月に浦項製鉄所の社長に就任した朴泰俊に引き継がれた。朴泰俊は、歴代首相の相談役として知られる陽明学者の安岡正篤の力を借りて、日本の政財界の大物に接触を図った。その根回しが奏功したことで、日本の鉄鋼業界や日本政府の全面的な支援を受けることができた。そして彼は、浦項製鉄所を世界有数の企業に育て上げ、韓国の〝漢江の奇跡〟と呼ばれる高度経済成長の礎を築いた一人として名を残していく。

一方で、失意の重光は、再び製菓業での韓国進出を余儀なくされた。重光は、朴政権の副総理兼経済企画院長官を辞任し、在野の人となっていた元韓国銀行総裁の劉彰順に会長就任を打診する。二人は古い付き合いだったが、劉は「商売は分からない」と言下に断わった。しかし、重光は必死に説得を試み、終いには劉も折れた。重光にとっては韓国での新たな船出には欠かせない〝政治力〟の一つだった。一九六七年、〝新生〟韓国ロッテは、社長に重光、会長は劉という体制でスタートを切った。その後、劉は十四年間にわたって韓国ロッテの〝顔〟としてトップの座に居続けることになる。

韓国が狙った「大蔵省人脈」

また韓国政府は、重光の日本での〝特異な人脈〟に着目し、協力を要請していった。

ロッテの秘書室長を長く勤めた磯部哲が語る。

「重光会長自らは決して語りませんでしたが、朴大統領から『韓国の税法の整備に力を貸してほしい』と打診されたのです。朴大統領は韓国の近代化を成し遂げたとされますが、その一つが税法の近代化です。会長は朴政権の求めに応じ、大蔵省や国税庁からメンバーを選び、韓国に派遣したそうです。日韓の税法が似ているのはそのためです」

重光の日本における政界人脈は、親韓派の系譜を縦軸とすると、横軸には〝大蔵省〟というキーワードが浮かぶ。

ロッテの元専務は、重光が大蔵人脈を意識的に築いていった理由をこう解説する。

「ロッテは韓国系企業だとしてみなされ、常に税務署から目をつけられていました。不正をしている訳でもないのに税務調査で嫌がらせを受ける。そこで会社を守るために大蔵省や国税庁のOBから人材を求めるようになったのです」

一九六〇年に大蔵省の主税局長だった村山達雄は、当時の池田勇人首相から「村山の前に主税局長はなく、村山の後にも主税局長なし」と評された税の大家である。彼は一九六三年に国会議員となり、蔵相などを歴任するが、ロッテグループの複数の企業で長く監査役を務めた。重光の長男・宏之によれば、重光家と村山家は家族ぐるみの付き合いで、夏には軽井沢に購入した別荘に村山一家を招いたこともあったという。

選挙時には、ロッテが村山の選挙区である新潟に社員を動員し、事務所も車も提供して丸抱えで応援を買って出た。今なら大問題だが、当時はまだ鷹揚な時代だった。

過去の官報を遡ると、一九七二年には村山の政治団体「山水会」にロッテとロッテ商事からそれぞれ百五十万円の献金も確認できる。だが、実際にはそれ以上に厚遇されており、大臣に就任し、役員手当てが受け取れない時も、村山に一定のカネが渡るよう方策が講じられた。

ロッテの元常務、松尾が明かす。

「そのほかにも、『ロッテ歌のアルバム』の公開録画を新潟でやったこともあります。すべては村山さんの選挙のためで、観客に手土産まで持たせました」

重光から指示があった訳ではなく、松尾が機転を利かせた形だったが、事後報告すると、重光も「それはよかった」と満足気だったという。

ロッテで最初に税務の専門家として迎えられた国税出身者は、熊本国税局調査査察部長を歴任した坂本雪《きよし》である。坂本は一九六五年にロッテに入り、取締役と総務部長を兼務し、重光の名代として大蔵省や農林省に足繁く通っていたとされる。

一九六七年には村山の紹介で元金沢国税局長の松井静郎がロッテに入社している。松井はノンキャリながら法人税のエキスパートで、ロッテに二十四年間在籍した。球団社長や本社の副社長を務めて、ロッテに最も貢献した役員と呼ばれた。大蔵省出身の福田赳夫元首相や宮澤喜一元首相とはとくに親しい関係だった。彼の後任も代々大蔵省ＯＢが続き、その系譜は二〇一三年にロッテ専務を最後に退職した中井省・元大蔵省財政金融所長まで脈々と続いていく。

重光は大蔵官僚から衆院議員に転じた塩崎潤（元厚労相・塩崎恭久の父）、大蔵次官を経て横浜銀行頭取になった吉國二郎ら主税局長経験者とも昵懇《じっこん》だった。

こうして培ってきたロッテの〝大蔵人脈〟は、韓国の税法の礎となっただけでなく、韓国進出を果たしたロッテの日韓を跨ぐ資金移動に大きな威力を発揮していった。

度重なる裏切りに辛酸を舐めながら、重光は決して前を向くことを止めなかった。

そしてついに韓国で成功するための揺るぎない〝政治力〟を身に付けていくのだ。

第五章

ロッテオリオンズ誕生と岸信介

政界工作の大きな代償

日韓国交正常化後の一九六七年四月に設立された韓国のロッテ製菓は、ロッテが日本で培ってきた広告戦略を取り入れ、順調な滑り出しをみせた。韓国の日刊紙「東亜日報」の全面広告で、「躍進するロッテ」と力強く謳い、社長の重光武雄、会長の劉彰順の挨拶文を掲載して、韓国市場への参入を高らかに宣言した。そこで重光はこう述べている。

〈小生は長い間日本で「ロッテ」の商標で製菓・不動産及び商事会社を経営してきました。新しく韓国ロッテの社長職を担当することになりましたが、祖国を長い間離れていた関係で、不十分な点も多々あると思われますが、小生は誠心誠意、持てる力を傾注します。小生の企業理念は①品質本意、②薄利多売、③労使協調であり、企業を

通じて社会や国家に奉仕することです〉

韓国でも日本同様に「お口の恋人」というキャッチフレーズを用いて自社のグリーンガムを宣伝した。さらに、「１０００万ウォン懸賞」と銘打って、トヨタ車をプレゼントするキャンペーンも仕掛けた。

重光は、日本での成功体験を、時間を巻き戻して韓国で再現する〝タイムマシン経営〟を実践してみせたが、その下準備は入念に行なわれていた。

当時の事情を知るロッテ関係者が明かす。

「ガムを包む銀紙は、防湿性の高いアルミニウム箔で、タバコの包装にも使われていたものです。当時、日本では専売公社と関係の深い、限られた会社が製造していただけで、値段も安価ではなかった。しかし、韓国では原価が安く、参入障壁もなかったため、ロッテは一九六六年に東方アルミ工業（現・ロッテアルミニウム）を設立。自前で包装紙を調達できたことで、コストダウンにつながった。韓国進出は、それだけ用意周到に進められていたのです」

片や日本のロッテは、チョコレート事業に続き、キャンディ市場への進出を決め、生産拠点となる狭山工場の建設に着手して拡大路線をひた走っていた。

この頃の重光にとって最大の懸案は、ロッテの屋台骨を支えていたガム事業を脅かす外敵の〝襲来〟だった。日本が一九五五年にＧＡＴＴ（関税及び貿易に関する一般協定）に加盟して以降、右肩上がりの成長を遂げた日本経済に対し、米国は一層の貿易自由化を迫っていた。そして六一年の池田勇人首相と米国のケネディ大統領との会談を機に、日米貿易経済合同委員会が設置され、日米間で討議が繰り広げられてきた。その自由化の波は、関税譲許の品目の一つであったチューインガムにも及び、世界最大のガムメーカー、米国のリグレーの日本上陸が現実味を帯び始めていた。

六八年一二月に行なわれた日米合同会議で、チューインガムの輸入自由化が話し合われ、事態は一気に進展。日本国内でも目に見える形で動き始めた。それは日本の犯罪史に残る三億円強奪事件が発生し、世間の耳目を集めた一週間後のことだった。

十二月十七日、この日は早朝から前月末に発足した第二次佐藤内閣（第二次改造）の経済閣僚と自民党三役を交えて、自由化問題の懇談会が開かれていた。その場で輸入制限品目の自由化問題を前向きに進める意思統一が図られ、閣議後には、佐藤榮作首相が当時通産相だった大平正芳を呼び、さらに協議が行なわれた。

その動きに素早く反応したのが重光だった。

佐藤が記した『佐藤榮作日記』（第三巻）の十二月十八日の項には、〈ロッテの社長、自由化に反対陳情〉と短く記されている。佐藤が遺した日記に重光が登場するのは、前年十一月九日に、旧朝鮮李王朝の皇太子、李垠《イウン》の妻となった旧皇族梨本宮守正の長女、李方子《イバンジャ》妃らとともに佐藤の自宅を訪れて以来のことである。

頻繁に自宅を訪ねる仲ではなかったはずの重光が、時の首相のもとを単身で訪れ、直に自由化反対を訴えることは、知恵者の彼らしいやり方ではない。しかし、重光は自ら動かざるを得ないほど、差し迫った危機感を感じ取っていたのだ。

リグレーの参入を阻止することができない以上、残された選択肢は、リグレーの上陸を少しでも遅らせ、その間に対応策を講じる以外なかった。そう考えていた重光が頼ったのは、佐藤首相の実兄であり、かねてから気脈を通じていた岸信介だった。

ロッテの元常務、松尾がその舞台裏を明かす。

「安く砂糖が入手できる米国と違い、当時の日本は砂糖の輸入が自由化されておらず、高い関税が原価を押し上げていました。その状況下で、ガム輸入の自由化が認められると、リグレーと同じ値段で勝負しても、とても太刀打ちはできない。そこで、岸さんの力を借りたのです」

この件では、岸の首相秘書官を務めた中村長芳が大蔵省や農林省などに掛け合った。中村は山口県出身で、岸の娘婿である安倍晋太郎とは旧制山口中学の同級生。その縁で一九五三年の吉田茂内閣の〝バカヤロー解散〟後の岸の政界復帰の選挙を手伝い、トラックに乗って応援演説に奮闘し、当選後には秘書となった。公職追放から政界復帰を果たした岸に長く仕えた側近中の側近である。

中村の尽力などにより、ガムの輸入自由化に約二年の猶予が与えられ、重光は、国内産業保護の見地から、ガム業界を挙げての自由化対策の旗振り役を担っていく。

そして重光らの働き掛けが奏功する形で、日本側は米国側からの譲歩を引き出し、ついに一九七一年五月の国会で、ガムの関税率が従来の三十五％から四十％に引き上げることが承認されるのだ。辛うじてロッテがリグレーに対抗し得る素地が出来上がった背景には、蔵相だった福田の尽力があったという。

しかし、重光は決して、その政治工作の内幕を公に口にすることはなかった。

リグレー上陸の脅威が迫っていた当時、彼は「週刊東洋経済」（一九六九年三月八日号）の取材に、こう答えている。

〈岸さん、福田さんなどとの関係は否定しない。しかし、会っても韓国の赤化防止の問題などは話すが、商売の話は一度もしたことはない。自由化阻止にカネを出したなどというのはまったくのデマ。チューインガムの資本自由化は砂糖、シロップ、ハッカなどが極端な保護政策で国際価格の2〜3倍も高値になっている点から、筋が通らないものである。私は、原料問題を解釈することが前提で、外国企業と競争できる状態にしてから、資本の自由化は行なわるべきだ、と正規の場を通じて発言しているにすぎない。だいいち菓子屋が政治的圧力を利用して商売できる時代ではない〉

そして、ロッテには藤枝泉介ら二人の議員が取締役に名を連ねていることにも触れ、〈二十数年来の個人的つき合いのある人で、政治的に利用しようなどとは考えてもいない〉と明言している。

ただ、自由化に向けた推移と政治資金の流れを照らし合わせると、政治工作の〝返礼〟と思われる痕跡が見て取れる。宏池会の〝中興の祖〟とされ、のちに首相に上り詰めた大平正芳。彼は一九六八年から第二次佐藤改造内閣で通産相を務め、一九七〇年一月に退任しているが、ロッテは大平の政治団体「新産業政策研究会」に同年の前期と後期に分けて計二百万円の献金を行なっている。さらに、一九七〇年からの第三次佐藤内閣で、農林相だった倉石忠雄の「国政研究会」には、退任後の一九七二年にロッテ商事から百万円の献金がなされている。大野派から福田派に転じた倉石は、第二次佐藤内閣で「現行憲法は他力本願、日本はメカケみたいだ」などと発言し、農林相を辞任に追い込まれたが、二年後には返り咲き、計四回農林相を務めた。いずれも自由化交渉のキーマンである。あえて目に見える形で政治献金を行なったのは、相手に分かるように足跡を残したとしか思えない。

重光は政治とは無関係を装いながら、人知れずキーマンへの政治工作に奔走し、その恩義は決して忘れない。そこには渡日以来、彼がビジネスにおいて貫いてきた誠実さの断片も垣間見える。

しかし、誤算もあった。重光が自由化対策で最も頼りにしていた岸信介が、〝見返り〟として、想像を遥かに超える提案を持ち掛けてきたことだった。それは、「政治は力であり、金だ」「政治資金は、濾過《ろか》器を通ったものでなければいけない」が信条だった岸らしい、捻りの利いた仕掛けだった。

その仕掛けには、まず序章がある。

一九六五年の日韓条約締結後に、「韓国のり」を巡って不可解な動きがあった。六八年頃から国会でも幾度となく取り上げられたが、韓国では韓国のりの生産価格が一枚四十銭から一円程度だったものが、日本に輸入されて小売り段階で値段が、突然一枚十六円から二十円に跳ね上がった。六五年の日韓貿易会談では五億枚ののりを輸入するといった取り決めがあり、たかがのりとはいえ、その金額は膨大だ。業者のリベート問題も発覚し、その過程で数十億円のカネが途中でどこかに消え、捜査当局も極秘に調べていたという。

これと連動するように煎餅をのりで巻いた韓国産の安い「品川巻」が大量に輸入され、日本の煎餅業者が大反対したことがある。そのため品物は市場に出ることはなく、在庫として品川ふ頭の倉庫に積まれたままになった。その後、この品川巻が一気に市場に出回り、巨額の利益を生み出したという。のちに週刊新潮（一九七七年二月十七日号）は、その経緯をこう書いている。

〈ここで有力なチューインガム業者のS氏が登場する。この人は韓国人で、岸氏と親しいという。そして今度は〝チューインガム問題〟が起る。（中略）政界で働いたのは岸氏といわれ、当然、謝礼が問題になる。S氏は、「品川巻を倉庫から出してくれれば金をつくります」といい、四十四年秋、韓国産の品川巻が市場に出た。つまり、S氏は品川巻の輸出入にも関係していたのである。その謝礼は、四十四年暮の総選挙の

際、佐藤派の資金になったというウワサである〉

ここに登場するS氏とは言うまでもなく、重光である。ガムの自由化対策の〝見返り〟はこれだけにとどまらなかった。

大映・永田雅一から引き継いだ球団経営

一連の政界工作が動き始めた頃、岸が個人事務所を置く西新橋の日石ビルに、映画会社「大映」の永田雅一社長の姿があった。

その威勢のよい言動から〝永田ラッパ〟の異名をとった永田は、京都のヤクザ組織に出入りしていた身から映画界に入り、戦後に大映の社長へと上り詰めた。ベネチア国際映画祭のグランプリを獲得した黒澤明監督の「羅生門」などの制作で名を売り、ワンマン経営者として鳴らした。政界の中枢にもフィクサーとして関わり、党人派の実力者だった河野一郎を首相にすべく政治資金を提供し、岸の後援者としても知られていた。

永田はこの日、盟友の岸に相談を持ち込んでいた。映画産業の斜陽化で、自らがオーナーとなっていたプロ野球「東京オリオンズ」が経営難に陥っていたのだ。

岸と親交があった米国誌の元幹部が述懐する。

「事務所に行くと長い時間話し込んでいる先客がいました。ようやく出てきたと思ったら、それが永田でした。岸さんに『今の永田ですよね』と聞くと、『ああ、球団をロッテの重光に買わせることにしたんだ』と話していたことをはっきりと覚えています。野球好きだった永田は、戦後に米国視察に行った際、米大リーグに刺激を受けて球団設立に動き、紆余曲折を経てオーナーに就任しました。私財を投じて東京スタジアムという自前の球場を作ったほど野球にのめり込んでいただけに、ロッテという企業が、それを託すに相応しいのか否かを丁寧に説明する必要があった。それに時間が掛かったという話だった」

球団の親会社と言えば、国鉄、近鉄、阪神、阪急、西鉄などの鉄道会社や読売新聞、中日新聞、毎日新聞、産経新聞などの新聞社が知られており、資金力があり、時勢を象徴する企業が名を連ねていた。活況を呈していた映画界からも、東映、松竹、そして大映が参入を果たしていたが、テレビの普及によって右肩上がりの時代は終わりを告げようとしており、映画界の球団経営は一つの転機を迎えていた。食品業界では、大洋漁業が草創期から球団経営に携わっていたものの、食品が成長分野としての威勢を印象付けるのは、一九七〇年代のヤクルトや日本ハムの登場を俟たなければならなかった。

当時のロッテは菓子会社としては認知されていたものの、未上場で、売上げや利益、そして資金繰りも明確な数字が公表されておらず、ベールに包まれた存在だった。約四百億円と推測される売上げをもってしても、球団のオーナーとなるには分不相応とみる向きもあった。だが、年率約十五％とも言われる成長を続けてきたロッテの経営手腕と秘めた可能性を、誰よりも熟知していたのは岸に他ならなかった。

重光が、岸と永田とが顔を揃えた料亭に呼び出されたのは、それから程なくしてからのことである。

野球に疎い重光は当初渋っていたものの、岸や永田から「リグレーもメジャーリーグの球団オーナーで、その宣伝効果で大きくなった」と説き伏せられ、買収ではなく、業務提携によるスポンサーで話は纏まった。

一九六九年一月十八日、岸信介の立ち合いのもと、永田と重光による調印式が行なわれ、球団名が「ロッテオリオンズ」に改称されることが発表された。ロッテは、これまでのオリオンズの赤字十二億円の半額を肩代わりし、向こう五年にわたって毎年、一億円の広告費を出すことを約束した。岸の秘書だった中村が副社長として経営に参画するが、ロッテは球団経営にも人事にも口を出さず、重光が役員に名を連ねることもなかった。

重光はこの時の経緯について、雑誌「潮」（一九六九年五月号）に掲載された毎日新聞編集委員の沢開進の記事で、次のように説明している。

〈もちろん社内には反対がありましたよ。しかし、カネを出すかわり、ロッテは球団を宣伝に使えるし、全国の大映の映画館でロッテ製品を売ってもらう。球団の役員に私がならないのは私が多忙なせいと、一方では永田さんの〝くちばしをさしはさんでもらいたくない〟という意向を尊重したから〉

損得勘定は働いたものの、六億円を気前よく提供した背景に、一カ月前の佐藤首相宅への陳情で見せた〝焦り〟があったことは想像に難くない。ただ、正念場で重光が切った攻めのカードは、ロッテの飛躍を後押しする結果につながっていく。

ガム自由化で盛り上がるリグレー旋風に一矢報いただけでなく、ロッテオリオンズはシーズン二年目で投打が噛み合い、パリーグで首位を独走。一九七〇年にリーグ優勝を果たした。日本シリーズでは敗れたものの、ロッテの創業者である重光の知名度も上がり、彼は韓国出身という出自を隠す煩わしさから次第に解放されていったのだ。

翌年、ロッテは正式に球団を買収し、中村はオーナーに就任する。

実は重光はこの頃、永田から別の依頼も持ち込まれていた。事情を知るロッテ不動産の元社員が明かす。

「静岡県伊東市の大映の健保組合の保養所を買い取って欲しいとのことで、一九七二年にロッテが取得しています。急傾斜崩壊危険区域にある曰く付きの物件で、大映も持て余していたようですが、岸さんとつながりの深い永田さんからの頼みだったので、断われなかったのでしょう。一時は寮として使いましたが、がけ崩れで、結局は閉鎖してしまった」

野球のルールすら覚束ない重光は、岸の意向を汲んで中村をオーナーに据えたが、二歳下の中村は一筋縄ではいかない強者だった。監督の言動が気に障ったり、思い通りにならないことがあると、重光に苦情の電話を寄越した。長男の宏之は、当時の不機嫌そうな父親の姿を覚えているという。決して二人は良好な関係とは言えなかった。

シーズン中には、激しい首位争いを繰り広げていた阪急戦で、濃人渉監督が審判の誤審に抗議。これが前代未聞の放棄試合につながったが、それを裏で指示したのは火消し役を担うべきオーナーの中村だったとされる。さらに中村は、シーズンオフに、岸信介に同行して渡米した際、米マイナーリーグの「ローダイ・パドレス」の買収を決めた。ロッテとの相乗効果で有望な選手が行き来できる道筋をつけ、統率力を発揮しようとしたのだ。押しの強さで知られた中村は、六十社を超える企業に球場のゴンドラ席を買わせ、岸を会長としたゴンドラ会なるものまで結成していたという。一刻も早く、岸の後を継いで政界進出を果たしたい中村。岸は立候補を焦る中村の関心を逸らせるために、中村を球界に送り込み、その皺寄せを受けるはめになったのが重光だった。

決定的な亀裂は一九七二年のオフシーズンに表面化する。中村は、ロッテのオーナーでありながら、資金難に陥っていた西鉄ライオンズを、個人で買収したのだ。当時、西鉄は一九六九年に球界を襲った八百長事件、いわゆる〝黒い霧事件〟で、壊滅的なダメージを受けていた。そのまま西鉄が球団経営から手を引けば、パリーグ崩壊の連鎖につながりかねない。そこで、中村がスポンサー探しを買って出たが、岸がニクソン米大統領を通じて親交を深めていたペプシコーラ社にも土壇場で断わられ、個人での買収を決断したという。中村は岸が顧問を務める、会員制リゾート運営の「太平洋クラブ」と提携してオーナー就任を発表した。記者会見時、重光はソウル出張中で、ロッテにとっては寝耳に水の話だった。

当然、重光は激怒したが、最後は怒りを飲み込み、球団経営を投げ出すことはなかった。逆に言えば、何度煮え湯を飲まされても、岸の顔に泥を塗るようなことはできなかったということだろう。

重光は自らがオーナーとなり、球団社長には当時のロッテ専務、松井静郎を就けた。国税OBの松井はその後、副社長として退任するまでの二十四年間、本業と球団社長を兼務した。一九九五年には専務だった元金沢国税局長の金親良吉が、さらに二〇〇四年からは副社長の元国税庁長官、濱本英輔が球団社長を務めた。

猛牛・町井久之との奇縁

重光が、国税OBを代々球団経営に関与させてきたのは、ひとえに四十億円とも言われた球団の赤字経営から脱却する手腕に期待したからでもある。幾度となく身売り話が出ても、重光は、「岸さんとの男の約束だから、球団は手放さない」と信念を曲げなかった。その二人の関係性をさらに推し量るには、重光が、〝韓国ロビー〟と呼ばれる日韓間で蠢く利権人脈のなかに身を投じるようになった一九六〇年代後半から一九七〇年代にかけての激動の時代を具に見ていく必要がある。

そのキーマンの一人が、在日韓国人の鄭建永《チョンゴニョン》である。日本名は町井久之。政財界の黒幕と呼ばれた児玉誉士夫の側近で、暴力団「東声会」を率いた韓国ロビーの大物だ。

東京生まれの町井は、重光の一歳下で、戦後は、在日の左派組織である在日朝鮮人連盟（朝鮮総連の前身）と対立する朝鮮建国促進青年同盟（建青）の武闘派として鳴らした。建青は、〝反共〟を旗印にGHQ（連合国最高司令官総司令部）や日本の保守勢力と友好関係を築いたが、町井はその中核メンバーとして活動した。銀座を拠点に在日同胞の事業家の用心棒として暴れ回った。

町井はその経緯を週刊現代（一九六六年六月二十三日号）で次のように語っている。

〈終戦直後の九月に結成された朝鮮人連盟が、途中から左翼の巣になってしまった。日本は無警察状態だったから、反共的な連中は、あらゆるテロとリンチを左翼から受けた。私は戦争中〝東亜連盟〟の石原イズム（陸軍の石原莞爾中将が提唱した反共理論）に傾倒していた男だから、この状態にガマンならなかったのです。そこで、十一月に反共を基調とした朝鮮建国促進青年同盟を結成しました。これが、後の民団の前身です。

なにしろ、反共主義者は家をおそわれる、焼かれる、リンチを受ける。自分の家にも帰れないありさまでした。私は正面きって左翼とケンカをやりました。行くところ敵なく、左翼の連中を叩きつぶして歩きました〉

一方で町井は、当時空前のブームを迎えていたパチンコ業界に食指を伸ばし、景品買取りの会社を設立。北朝鮮系の景品買取り業者を力ずくで排除し、東声会の勢力を拡大していった。かねてから面識のあった児玉とは、力道山がマンションを新築した際に改めて紹介を受け、日韓国交正常化に向けた下交渉が動き出した一九五九年の暮れから一気に関係を深めたという。

日本の〝プロレスの父〟力道山は本名、金信洛《キムシンラク》。在日同胞である町井をかねてから兄貴分として慕い、「日本と韓国はお互いにもっと理解を深める必要がある」との共通認識のもと、互いに政界に人脈を築いた。町井は、先の週刊現代の取材で、こう語っている。

〈私と力道山との考えを児玉会長に話しました。児玉先生の尽力で、大野伴睦先生にも話しに行きました。大野先生には、このときから可愛がっていただきました。

それから、在日韓国代表部の巌公使にも話しました。韓国からきた李哲承《イチョルスン》国防委

ました〉

員長らにも、大野先生や河野一郎先生、岸信介先生、児玉先生などと話し合いをさせ

こうして町井は児玉を案内役にして親韓派の議員の懐に飛び込み、日韓の政治の裏工作に奔走するようになった。

では、〝銀座の虎〟と恐れられた町井と重光との接点はどこにあったのか。

戦後の焼け野原のなかで、石鹼作りから身を起こした重光は、わずか半年で億単位の借金を返済する離れ業をやってのけたことは、すでに第一章で述べた。石鹼の原材料である油脂は一定量こそ確保できていたものの、追加分の調達や配給制であった苛性ソーダの入手にはＧＨＱとのパイプが物を言う。そこに町井を始めとする建青の関係者の関与があったとの説もあったが、今となっては、それを証明する手立てはない。

だが、その情報を親韓派の隠れた実力者だった元環境庁長官の毛利松平を起点に俯瞰すると、人脈は線で結ばれていく。毛利は愛媛県出身で、慶應義塾大学の柔道部主将として活躍した後、一九三八年に満州にわたり、南満州鉄道（満鉄）に入社。敗戦後は指名手配の戦犯として逮捕されたが、戦時中に捕虜の命を救ったとして銃殺を免れたとされる。引き揚げ後は、都内で衣類や日用品を扱う「大和企業」を設立。大和

企業は、GHQの通訳と結びつき、石鹸やその原材料などを含む物資を扱っていたという。

毛利を知る自民党関係者が語る。

「大和企業とロッテには商売上の取引があったらしい。この頃に毛利は、建青の中核メンバーだった町井や、のちに極真会館を設立する大山倍達《ますたつ》（本名・崔永宜《チェヨンイ》）と知り合っている。一九六四年の極真会館発足時には佐藤榮作首相が会長に就任し、毛利は、大山とのつながりから副会長として貢献、その後会長も務めています。彼の事務所は、虎ノ門の日本消防会館ビルにありましたが、当時の日本消防協会の会長は、昭和の黒幕と呼ばれた笹川良一です。笹川は、反共を掲げて、朴正熙政権の庇護にあった旧統一教会を母体とする国際勝共連合の名誉会長も務めた韓国ロビーの〝ドン〟でした。毛利には底知れない人脈と資金力があった。岸信介とも近かったが、本人は三木派で、岸とはまた違う韓国とのパイプを持っていました。かつて李承晩ラインを越えて操業した漁民が、韓国側に拿捕《だほ》されると、『毛利に頼めば即日解放される』と言われていた程でした」

のちに日韓議連の幹事長も務めた毛利。彼を取り巻く人脈のなかに、重光も町井もいた。

二人の接点が最初に目に見える形で浮かび上がったのは一九五四年のことである。この年、日本は初めてサッカーW杯スイス大会の極東地区予選に出場し、一つだけ用意された出場枠を巡って、韓国と対戦している。ホーム&アウェー形式で行なわれる予定だったが、反日を掲げていた李承晩政権は、日本代表チームの入国を拒否。韓国代表チームの日本派遣にも難色を示していた。当時、大韓体育会の日本支部の副会長を務めていた町井は、側近らを韓国に派遣して必死に交渉し、韓国代表の費用負担を条件に李承晩大統領の説得に成功する。朝鮮戦争の休戦協定から経済復興の緒に就いたばかりの祖国のために、町井は募金活動に奔走した。その時に真っ先に支援を申し出たのが重光だったという。

町井の半生を追った『猛牛《ファンソ》と呼ばれた男』には、当時の経緯が町井の元側近の証言とともに詳細に描かれている。

一九五四年と言えば、重光に待望の長男が誕生し、〝重光姓〟を手に入れるための養子縁組の手続きが進行していた時期にあたる。そこには祖国を想う〝辛格浩〟と実業家として日本社会に溶け込もうとする〝重光武雄〟が、複雑に交錯している様子が垣間見える。重光と町井との関係性もまた、単なる接点という以上に、抜き差しならないものがあった。

実はロッテと町井との間には知られざる逸話があるという。

『猛牛と呼ばれた男』の著者で、ジャーナリストの城内康伸は、民団の元幹部らへの取材で韓国ロッテに町井が送り込んだ〝顧問〟の存在を聞かされている。城内が語る。

「町井が、民団の青年組織、在日本大韓青年団本部の監察部長だった一九五〇年代の半ば、ある民団の会合に、カンペ（韓国ヤクザ）と思しき人物が乗り込んできて、こめかみにピストルを突き付けたことがあったそうです。その現場を目撃した民団の元幹部によれば、男が持っていたピストルは壊れていて、弾が出なかった。男は慌ててその場を立ち去ったそうですが、町井は部下に命じて、『あいつを連れてこい。金が欲しいならやる』と言って、金を持たせて帰国させた。男は町井に心酔し、その後はたびたび日本に来ていたようです。李承晩政権下では、反共の塞《とりで》としてカンペが無試験で学校に入れたケースがあったようで、その男は戦前の京城商業高等学校という旧制専門学校をルーツに持つ商科大学の学生だった。その後、系列のソウル大学に入り、議員にもなった。町井は、議員を引退したその男を韓国ロッテの労働問題の顧問として送り込んだのです」

韓国では急速な経済成長の弊害として労働争議が多発し、朴正熙以降の政権はその抑圧に躍起になった経緯があるが、韓国ロッテでは、この顧問が存命の間は労働組合が組織されることもなく、ストライキも起きなかった。

ソウル五輪当時に特派員だった通信社の元記者によれば、五輪があった一九八八年頃にロッテホテルで従業員がピケを張り、ストを決行する光景を目撃したという。ホテルの裏手で寝そべりながら、「会長様は若い女の上で寝る、俺たちは石の上で寝る」というスローガンを掲げてストを続け、ホテルの上から鍋を投げつけるなど混乱が続いた。しかし、それ以前の韓国ロッテの〝凪〟の労使関係は、町井によってお膳立てされたものだったのだ。

町井は一九六三年二月に山口組三代目の田岡一雄組長と盃を交わし、闇社会における絶大な影響力を手に入れる一方で、二カ月後には「東亜相互企業」を設立し、実業家としての道を模索し始めた。その手始めとして不動産事業に乗り出し、八王子の都営団地の建設用地に隣接する約十万坪の土地転がしで、約十億円もの転売益を手にしている。実は、ここにもロッテとの奇縁がある。

町井が手を付けた西八王子駅近くの土地は、当初大学を誘致する計画で買い進められたもので、その売却には、町井が私淑する児玉誉士夫が介在し、政治力による緑地指定の解除が織り込み済みだったとされる。実はロッテも、ロッテ商事名義で町井の土地と線路を挟んだ場所に、その後、二百坪超の土地を購入しているが、取得の手続きは、畑から宅地へと地目変更がなされた三カ月後という手際良さだった。この頃、八王子では大学進出を見越した大規模な土地買収が複数行なわれており、帝京大学は、創業家の沖永《おきなが》家がルーツを持つ愛媛県選出の毛利松平の助言で、八王子に進出したと言われる。ロッテは、この八王子の土地を売却することなく、現在も営業拠点として使っているが、当時の重光が政治銘柄の不動産情報の輪の中にいたとしても何ら不思議はない。

重光の実弟、宣浩によれば、「兄も（町井を）知ってはいたが、警戒心を抱き、決して深入りすることはなかった」という。重光は、自らが抱えてきた〝闇〟を身内にも見せようとはしなかった。そして一九六〇年代後半、重光は、町井を凌ぐ、朴大統領に直結する揺るぎないパイプ役を得て、日韓ロビーの利権人脈に、さらに深く分け入っていく。それが、重光と同郷で、同じ蔚山の農業学校を卒業した李厚洛である。李は一九六三年から大統領秘書室長を務めた、朴正熙の最側近だった。

ロッテの名を冠した球団がリーグ優勝を遂げ、「表」と「裏」が目まぐるしく交錯した一九七〇年、重光武雄は名実ともに、日韓の〝政商〟になった。

第六章

KCIAとの太いパイプ

実力者・李厚洛の栄枯転変

一九七〇年一月、日本に韓国から新しい駐日大使が赴任した。朴正煕大統領の側近、前大統領秘書室長の李厚洛である。朴政権につながる強い政治力を求めていた重光には旧知の李の就任は願ってもない好機だった。

李は重光より歳が三つ下の当時四十五歳。蔚山の農業学校を出た後、志願して福岡の大刀洗《たちあらい》陸軍飛行学校に入隊し、戦後に帰国。軍事英語学校を経て、軍の情報畑を進み、駐米韓国大使館首席武官として米国での人脈を広げた。朴が率いた一九六一年の軍事クーデターの際には、〝反革命〟の一派として身柄を拘束されるが、恭順の意を示していち早く転向した。如才なく立ち回り、英字新聞などを発行する大韓公論社の理事長を経て、軍事政権の公報部長に就任する。朴正煕の信任を得たことにより、一九六三年には大統領秘書室長の座へと上り詰めた。日本語も堪能だった李と重光は一九六〇年代後半に、一気に距離を縮めていったとされる。

重光の実弟、宣浩が振り返る。

「兄が最も親しかった韓国の要人が李さんです。きっかけは分かりませんが、二人は仕事でも遊びでもとにかく仲が良かった。当時の李さんの権限は絶大で、朴大統領とのつなぎ役と言えば彼でした」

その頃、重光から李を紹介されたというロッテの元専務が語る。

「李さんは朴政権を裏方から支えていた印象でした。二人は囲碁が好きで、私も一緒に打ったことがあります。会食も頻繁に行なっていました」

李が駐日大使だった期間は一年にも満たない。彼は一九七〇年の十二月末には本国に呼び戻され、大統領直轄の情報機関、中央情報部（ＫＣＩＡ）の部長に栄転。翌年の大統領選では、朴正熙陣営の事実上の〝選対本部長〟を任されている。ＫＣＩＡは所在地の名称から「南山《ナムサン》」と呼ばれ、諜報と拷問による恐怖政治を敷く、国家権力の秘密組織として知られた。そのトップを務めた歴代部長の血塗られた権力闘争の歴史は、のちにイ・ビョンホン主演の映画「南山の部長たち」（二〇二〇年）にも描かれ、話題を呼んだ。

駐日大使時代の李は、岸信介元首相、福田赳夫蔵相ら親韓派の重鎮や三菱商事、三井物産、伊藤忠商事などの大手商社の幹部とも関係を深め、赤坂の料亭などを舞台に政財界に太いパイプを築いた。とくに対韓進出でライバルに遅れをとっていた三菱は、李を取り込むことで巻き返しを図ろうと一気に関係を深め、李は〝三菱大使〟と揶揄されるほどだった。

日韓史を記録した書籍『資料・日韓関係Ⅱ　人脈・金脈・KCIAの実態』には、のちに歴代首相としては初めて韓国を訪問するなど、親韓派とされた中曽根康弘と重光に纏わる次のような中曽根関係者の談話が紹介されている。

〈かつて三菱関係者との席で当時の李厚洛駐日大使と会い、その後一緒にバーで飲んだことがあった。その席で李厚洛はロッテの重光社長に対し「中曽根さんは大事な人だから、お前、応援しろ」といった〉

重光と中曽根にはそれ以前からつながりがあったが、李はあえて影響力を誇示する場面を作り、ロッテを手中に収めていることを見せつけたのだ。李は朴大統領の〝熱烈なる教徒〟を自任し、顔色を見ただけで、大統領が何を考えているのかが分かる男と言われた。秘書室長時代は、その権力の笠の下で、韓国に進出したい日本企業との調整役を務めてきただけでなく、韓国国内では「サムスングループ」創業者の李秉喆《イビョンチョル》や韓国初の百貨店「和信デパート」の朴興植《パクフンシク》社長と組んで、ソウルの土地を買い漁り、巨額の転売益を得たという。

彼は集めた政治資金を朴大統領のためにスイスの秘密口座に送る窓口でもあったが、自身の蓄財にも励み、その総額は三百億円とも言われた。さらに長男を湖南精油の社長令嬢と、次男を韓国火薬創業者の一人娘と結婚させて財閥と姻戚関係を結ぶなどして、財界にも巧みにシンパを増やし、隠然たる影響力を持った。

重光は、李との濃密な関係を通して、〝政商〟として生きる強《したた》かさを身に付けていく。

李が秘書室長時代から出入りしていた「秘苑」という妓生《キーセン》ハウスが都内にあった。妓生ハウスとはチマチョゴリ姿の女性が接客する韓国式の高級料亭である。秘苑のオーナーは、前章で取り上げた町井久之で、町井は韓国大使館の要請で、一九六六年に銀座の自社ビル内に秘苑をオープンした。韓国の要人が来日した際には日本の政治家などとの密談場所として活用され、さながら〝夜の迎賓館〟の様相だった。二年後には、湯島天神に近い高台に隠れ家的な姉妹店として「湯島秘苑」を開き、お忍びで訪れる親韓派の議員らが地下にあるＶＩＰルームで宴を繰り広げた。その様子は、のちに国会でも取り上げられ、初代ＫＣＩＡ部長で、当時首相だった金鍾泌が一九七三年に来日した際には、前年に発足した日韓議員懇談会の山中貞則や宇野宗佑、渡辺美智雄、中川一郎らが湯島秘苑に金首相を招いて歓待したことも明らかになった。

秘苑を訪れた経験があるジャーナリストが述懐する。

「韓国の妓生ハウスでは、外貨獲得のため、半ば公然と売春が行なわれ、ＫＣＩＡはそこで日本の有力者の弱みを握るとともに、動向を探っていたとされています。日本にあった秘苑は、韓国の女子大生に民族舞踊などを披露する芸能人としてビザを取らせて、三カ月だけ日本に入れて、ビザが切れる前に帰国させ、また見目麗しい別の女子大生に入れ替えるシステムでした。私が知る限り、重光さんは秘苑にはあまり姿を見せていなかった」

しかし、李が、朴大統領とも近い町井と親密になると、重光を交えて六本木で頻繁に三人の会食の機会が持たれるようになった。六本木には町井が建てた東亜マンションの地下に高級レストラン「キャラバン・サライ」があった。実業家に転じた町井が、初めて手掛けた飲食店で、東洋一と謳われたペルシャ風建築に、床にはイタリア製大理石が敷き詰められ、贅を尽くした内装や調度品の数々。そこでフランス料理が供されるというセレブ御用達レストランの走りだった。オープニングパーティーには自民党副総裁の川島正次郎や児玉誉士夫、大映の永田雅一社長など、錚々《そうそう》たる面々が姿をみせた。

飛ぶ鳥を落とす勢いで事業を拡大していった町井。彼の人脈もまた清濁を併せ呑みながら日韓間でさらに肥大化し、やがて二つの大きなプロジェクトに結実していった。

その一つが、山口県下関市と韓国の釜山を結ぶフェリーの運航事業だ。重光も渡日の際には乗船した戦前の関釜連絡船は、戦後はその航路の定期的な往来が途絶えていた。そこに、日韓国交正常化の記念事業として関釜連絡船を復活させる案が浮上したのだ。日本側、韓国側の双方が会社を設立して共同運営し、利益は折半の約束で計画が進められた。順調に株主を集めた日本側に対し、韓国側は出資者が集まらず、資金集めが行き詰まりを迎えていた時、救いの手を差し伸べたのが民団中央本部の顧問になっていた町井だった。

町井は二億円を超える資金を拠出し、釜山に設立された法人の会長に就任した。そして日本が大阪万博に沸いていた一九七〇年の六月十六日、釜関フェリーは初就航を迎えた。下関港を出発した記念すべき第一号のフェリーには日韓協力委員会会長の岸信介、地元選出で親韓派議員の安倍晋太郎らが招かれ、約四百人の招待客を乗せた船は釜山港へと向かった。

そしてもう一つ、町井が心血を注いで取り組んだプロジェクトが、福島県西白河郡西郷村《にしごう》の約二百五十万坪の広大な土地に農場やホテル、ゴルフ場を作る壮大なリゾート構想だった。「那須白河高原総合開発」と名付けられた理想郷作りのために、町井は政治力を使って韓国政府系の韓国外換銀行から巨額の融資を引き出し、湯水の如く金を注ぎ込んだ。

一九七〇年十月二十一日に行なわれた第一期起工式の式典には、児玉誉士夫や運輸政務次官の山村新治郎、そして駐日大使の李厚洛も出席したが、実はこのプロジェクトにはロッテも深く関与していく。町井は韓国外換銀行からの融資とは別に、神戸製鋼や西武不動産、福島交通など十数社の企業から土地を切り売りする形で開発資金を集めた。その一社がロッテで、重光は一九七二年にロッテ不動産を通じて二十億円を拠出している。

当時を知るロッテ不動産の元幹部は「十億円を融資した西武も、八億円を出した福島交通も児玉さんの関係だったと聞いている。ただ、ロッテには韓国ルートで話が来たというだけで、詳しい事情までは知らされなかった」という。

誠実な会社経営を信条としてきた重光が、土地の売買を装った、事実上の金銭消費貸借契約で二十億円もの融資に踏み切った。その背景には、朴大統領の意を汲んだ李による〝韓国ルート〟の指示があったことは容易に想像がつく。

しかし、肝心のリゾート計画は遅々として進まず、わずか五年後、東亜相互企業は不渡りを出して倒産する。債務総額は三百三十四億円にまで膨らんでいた。その間、国会では韓国外換銀行が資本金五億円の東亜相互企業に約六十億円の支払い保証を施し、日本不動産銀行から五十四億円の融資が実行されている経緯に疑義を呈する質問が飛び交っていた。さらに、町井にとっては、不運も重なった。一九七六年にロッキード事件が火を噴き、東京地検特捜部がロッキード社の〝秘密代理人〟だった児玉誉士夫を在宅起訴したのだ。最大の後見人だった児玉の失脚が追い打ちとなり、町井はなす術なく、転落の一途を辿っていくことになる。

その後、債権者のロッテ側は、ロッテ不動産の社員を東亜相互企業に頻繁に差し向けて、粘り強く交渉を続けたが、債権回収の見込みは薄く、二十億円は泡と消えた。

東亜相互企業の一九九〇年八月時点の「債権者リスト」を確認したが、そこには変わらず、二十億円という数字とロッテ不動産の名前が残されていた。

重光は、東亜相互企業が倒産した直後の「週刊文春」(一九七七年七月七日号)で、町井についてこう述べている。

〈ボクは他人に尽くすこともしない代わり、迷惑もかけない。自分のことをキチンとする。彼は人のめんどうをよくみる代わり、迷惑をかけるのも平気。義理人情の世界に住んできた人だから、考えが違うんでしょうね。だけど、商売をやるなら商売に徹しなきゃ〉

町井の失敗の要因を冷静に分析し、突き放しているようなコメントだが、そこには重光流の煙幕が張られている。ロッテの元常務、松尾守人が明かす。

「重光会長は町井さんの事業が頓挫してからも、彼が金を借りにくれば相談に乗っていました。町井さんが所有するフランスの画家、ヴラマンクの絵画などを担保にカネを融通したこともある」

重光にとって町井の存在は、裏社会からの浸食を阻む〝防波堤〟の側面もあったに違いない。だが、それ以上に差別を力でねじ伏せ、祖国のために時代を背負った彼に、ある種の畏敬の念を抱いていたことも確かだろう。

町井の栄華は一瞬だった。それ故に、頂点を極めた彼の姿は後世に強烈な印象を残した。

その象徴が一九七三年七月、六本木にオープンした五棟のビル群から成る「ＴＳＫＣＣＣターミナルビル」である。ＣＣＣとはＣｅｌｅｂｒｉｔｙＣｈｏｉｃｅＣｌｕｂの略で、文字通り高級会員制クラブが入る東京一のセレブの社交場だった。赤い絨毯が敷かれた正面玄関を入ると巨大なシャンデリアがピカソの絵画を鮮やかに照らし、館内には和・洋・中華のレストランやロココ調のホール、さらにキャバレーやサロン、サウナも完備され、名画や骨董品が所狭しと飾られた。それは〝夢の館〟だった。完成披露パーティーはＮＨＫの看板アナ、宮田輝と女優の山口淑子が司会を務め、衆議院議員の園田直や野村證券の瀬川美留会長、歌手のちあきなおみ、プロ野球の長嶋茂雄ら各界の大物が出席し、約七千人が集う華やかな宴だった。重光の長男、宏之によれば「両親も揃って招待されていた」という。駐日大使から政権ナンバー2のＫＣＩＡ部長に上り詰めていた李は、町井の祝宴に花輪を贈った。

町井にとっては、まさに人生の絶頂期だったが、その翌月、彼を取り巻く日韓人脈の運命を暗転させる事件が発生する。昭和事件史に残る〝金大中拉致事件〟である。

一九七三年八月八日、韓国の民主化運動のリーダーだった金大中が、東京のグランドパレスホテル二二一二号室で会食を終え、部屋を出たところで、六人の男たちに拉致された。

金は二年前の大統領選で、朴正熙に九十五万票差で敗れたが、不正も厭わない形振《なりふ》り構わぬ選挙戦を展開した朴陣営にとって、それは決して大差ではなく、衝撃の結果だった。その後、危機感を深めた朴大統領は「維新体制」を宣言して国会を解散、戒厳令を発令するなどして独裁色を強めた。金は、朴政権から逃れるように米国や日本で反政府・民主化運動を続け、ワシントンで「韓国民主回復統一促進国民会議」（韓民統）を結成。その日本支部を作るため七月十日に来日した約一カ月後のことだった。

朴大統領の〝政敵〟を拉致したグループは、麻酔薬のクロロホルムを染み込ませたハンカチを鼻に押し当て意識を失わせ、地下駐車場から車に乗せて高速道路を西へと向かった——。

事件は五日後に金がソウルの自宅近くで解放されるという衝撃的な展開を辿り、日韓は騒然となった。拉致された金は、車で神戸のアジトまで運ばれ、翌日に大阪港から工作船の「龍金号」に乗せられ、韓国に連れて来られていた。

ほどなく警視庁は犯行現場から、駐日韓国大使館の一等書記官だった金東雲《キムドンウン》（本名・金炳賛《キムピョンチャン》）の指紋を採取した。拉致に使われた車は横浜にある韓国領事館の副領事の所有であることも判明し、事件にKCIAの関与が浮上。そのトップである李厚洛の主導による犯行だったことが明らかになったが、金東雲はすでに出国した後だった。日本側は任意出頭を求めたが、韓国側はこれを拒否した。それは、日本に対する極めて重大な主権侵害だった。

事件直後から、新聞やテレビは挙ってこの問題を取り上げ、各社とも社会部、政治部、外信部などから記者を投入し、大掛かりな体制で取材に臨んだ。国会でも質疑が白熱するなか、九月二十四日夕刊で新聞三紙が、自衛隊員が金東雲の依頼で金大中の見張り役を務めていたことをスクープ。会期末の国会は大揺れとなった。しかし、事件から三カ月後の十一月二日、急転直下、政治決着が図られる。朴大統領の密命を帯びた当時首相の金鍾泌が来日し、田中角栄首相や大平正芳外相と面会して陳謝したのだ。その時のやり取りが、二〇一七年に編まれた『金鍾泌証言録』ではこう記されている。

〈私はすぐに「今回のことで、日本の国民・政府に対して心から遺憾の意を表明します」と謝罪し、いくつかの措置を説明した。田中総理は「大韓民国の国務総理（筆者注：首相）が自ら赴いて、遺憾の意を表明し、真相を徹底的に究明することを確認し、再発防止に努めることを高く評価する。これでよし。両国間の公式的な幕引きになった」と簡潔に話した〉

この政治決着の後、韓国国内では、事件の交渉の舞台裏で囁かれてきた〝ある疑惑〟が流布されていく。

金大中事件を長年追ってきた毎日新聞の元ソウル特派員、古野喜政は、自著『金大中事件最後のスクープ』のなかでこう記している。

〈ソウルでは、日本の首相・田中角栄が金大中事件の政治決着のために朴正熙から三億円受け取ったという噂が広がった。政治決着から何日もたたない朝、朝鮮日報の政治部長は「古野さん、田中角栄さんは朴さんから三億円もらいましたね。金鍾泌さんに金大中を日本に送らないように頼みましたね」と言った〉

拉致事件後、朴大統領の意を受けた大韓航空の趙重勲《チョジュンフン》社長が、国際興業社主の小佐野賢治の仲介で田中首相と箱根で会い、事件解決の工作資金として三億円を届けたとされる疑惑である。小佐野と言えば、田中角栄とは刎頸の友であり、大韓航空を含む韓進財閥の成長を手厚く支援した政商として知られている。この問題は国会でも何度も取り上げられ、複雑に絡み合った人脈に注目が集まった。

だが、金大中拉致事件は、今に至るまで一人の逮捕者もなく、多くの謎を残したまま闇に葬られた。首謀者である李は事件から四カ月後、ＫＣＩＡの部長職を解かれ、権力の座から滑り落ちた。

一九七二年七月、北朝鮮を訪問し
金日成主席と握手を交わす
李厚洛・ＫＣＩＡ部長（共同通信提供）

ＫＣＩＡの部長時代の一九七二年、李は平壌《ピョンヤン》で金日成《キムイルソン》国家主席と二回会談を果たした。李に会った金日成は彼を民族の英雄として称賛したとされる。李は自ら訪朝を提案し、いざとなれば自殺する覚悟で、青酸カリを懐に忍ばせて極秘に平壌入りした。そして、韓国と北朝鮮の統一を目指す南北共同声明を発表して世界に衝撃を与えた。事前に通告を受けていなかった米国は激怒したとされるが、韓国国内で李は英雄視され、朴大統領の〝後継者〟と持ち上げられた。だが、逆に朴大統領を脅かす存在として政権内で疎まれていく。そして権力闘争の果てに、朴大統領への忠誠心の証として、〝政敵〟金大中の拉致へと突き進むのである。

独裁政権で頭角を現した者は例外なく消える。その権力の儚さを重光は身をもって知ったのだ。

李の愛人にマンションを提供

彼の失脚の影響を受けたのは町井や重光だけではなかった。赤坂の芸者から李の愛人になった、当時二十二歳の武田公子（仮名、以下公子）は、その人生が一変した。

のちに彼女は李との交際の一部始終をマスコミに暴露した。「週刊ポスト」は一九七八年四月十四日号で、彼女が李と過ごした三年間と日韓利権疑惑を結び付けたスクープ記事を掲載している。記事のなかで重光は「大物財界人S」として登場する。

記事によれば、李と公子は、彼女がまだ十八歳で、赤坂の料亭「中川」で半玉として働いていた一九六六年頃に出会っている。「在日韓国人実業家M」こと町井のお座敷が初対面だったが、その日のうちに深い仲になり、四年後、駐日大使として李が来日した際に重光の席で再会。後日、重光から「李さんが世話をするということだから芸者を辞めてマンションに住まないか」と連絡があり、愛人関係に発展した。

彼女には南麻布の韓国大使館から徒歩圏内にあるマンションが買い与えられ、重光の秘書名目で二十万円の〝月給〟が支払われた。さらに身の回りの世話をするお手伝いを雇い、外出時には運転手付きのクルマをチャーターした。李が彼女のマンションを訪れる際には、常に重光も同行していたという。李は彼女の両親にも会い、「理由があって結婚はできませんが、生涯この人の面倒はみます」と挨拶するほどのめり込んでいた。

李がＫＣＩＡのトップとして離日後は、重光がアテンド役となり、チケットを手配して公子と訪韓した。その回数は二十回に及び、李は会うたびに彼女に二百万円から三百万円を手渡した。現地で公子に対して動いたカネは三年間で実に約一億円。記事は、その資金の出所が日韓プロジェクトのリベートではないかとの疑惑を指摘していた。折しも、前年の国会では日本の援助で完成したソウル地下鉄建設を巡って、岸信介から朴大統領への働きかけにより、出遅れていた三菱商事が国際入札に成功したとの疑義が浮上していた。三菱が日本の大手四商社の代表幹事となった経緯や四社が韓国側に支払った総額二百五十万ドル（約七億八千万円）の工作資金の行方が問題になっていた。

週刊ポストに、李の愛人取材の端緒となる情報を持ち込んだのは、政治評論家の山本峯章である。

政財界の表裏に精通する山本の赤坂のオフィスには、以前から新聞や週刊誌の記者が情報を求めて出入りしており、一九七六年のロッキード事件以降はその頻度も激しさを増していた。当時、特ダネを求めた記者たちが血眼になって追っていたのが、ダグラス・グラマン事件だった。ロッキード事件は民間旅客機の日米商戦の舞台裏を暴き出したが、ダグラス・グラマン事件ではロッキード事件の捜査では手付かずのままだった軍用機の売り込みで、政府高官に多額の賄賂が渡っているとの疑惑が浮上していた。一九七八年の暮れから翌年の年始にかけて米国証券取引委員会（ＳＥＣ）が、航空機メーカーのマクダネル・ダグラス社とグラマン社について、相次いで海外不正支払いの報告書を公表すると、東京地検特捜部も捜査に着手。グラマン社の代理店である日商岩井を経由して秘密資金が流れた政治家として岸信介、福田赳夫、松野頼三、中曽根康弘の名前が挙がったことで、マスコミ報道も過熱の一途を辿った。疑惑の焦点となったのは、日商岩井の海部八郎副社長が作成したとされる「海部メモ」で、のちに国会でも取り上げられた。そこには一九六五年に海部とともに岸信介と秘書の中村長芳らがグラマン社の副社長と会い、次期戦闘機について密約を交わした様子などが綴られていた。

その「海部メモ」のコピーをいち早く入手していた山本の元にはマスコミが殺到した。しかし、事件はその後、海部の腹心だった島田三敬常務の投身自殺や時効の壁に阻まれ、日商岩井の幹部の立件のみにとどまり、政界に延びることはなかった。

実は、山本が「海部メモ」を手に入れた一九七八年一月、彼の事務所には、岸信介、福田赳夫へと続く系譜のなかで、長年燻ってきた日韓疑惑に関する貴重な情報も舞い込んでいた。それが、大蔵官僚が政治家に対して書いたと思われる「日韓経済協力関係に於ける問題点」と題された十ページのレポートだった。元新聞記者が持ち込んできたもので、大蔵省の名前が入った用紙が使われていたが、署名も宛名もなかったという。

山本が当時を振り返る。

「大蔵省主税局の官僚が書いたメモだと言われ、疑惑の中心にいたのが李厚洛でした。その取材を始めた矢先に、事務所に李の愛人だったという女性から電話が入りました。彼女は李と別れるとき、五千万円を小切手で受け取ったものの、『ある韓国企業の社長が、定期預金にしてあげると言って持ち去り、返してくれない』と訴えていた。私はすぐにグラマン事件の取材で懇意にしていた週刊ポストと東京タイムズ（一九九二年に廃刊になった日刊紙）の記者に声を掛け、一緒に彼女に会って話を聞きました」

その女性、武田公子が名指しした韓国企業の社長こそ、ロッテの重光だった。

彼女の話などを整理すると、公子は一九七一年五月頃に渡韓した際に、李から「何か事業でもしたら」と関西在住の人物が振出人になっている五千万円の小切手を渡され、その現物は、「あとで通帳と印鑑を重光さんから受け取りなさい」と同席した重光に預けられた。帰国後、重光は彼女に三和銀行（現・三菱ＵＦＪ銀行）新宿支店の通帳と印鑑を渡した。だが、翌年七月中旬の早朝、いきなり彼女の元を訪れた重光が、「ちょっと貸して欲しい」と持ち去ったという。その後、何度も催促したが、返却されることはなかった。

交際して約三年が経った一九七三年七月、李との別れは突然やってきた。重光が公子に「もう李さんとは会えなくなった」と告げ、マンションからの立ち退きを求めてきたのだ。重光は別の賃貸マンションを世話してくれたものの、家賃を一カ月だけ払うと、公子とは音信を断った。そしてその直後、金大中拉致事件が発生するのである。

当時、山本は公子の証言について、銀行筋も含めた裏付け取材を行なっているが、核心部分の話は事実だと確信したという。

「しばらくして彼女から電話がありました。その時に『社会党の女性代議士が間に入り、小切手の問題は解決できそうです』と報告を聞き、彼女とはそれきりでした」

週刊ポストの報道後、公子の告白の一部は、国会でも取り上げられている。金大中事件から約五年後の一九七八年四月四日、社民連（当時）の秦豊参院議員から質問を受けたのは時の首相、福田赳夫である。

秦議員「総理、あなたは李厚洛氏を御存じですか」
福田首相「承知しております」
秦議員「東京にいたころその他を含めて碁の友達ですか」
福田首相「駐日大使をしておりましたので特別よく承知しております。碁の方は強い人でございますが、私は打ったことはございません」
秦議員「打ったところを見ているという目撃者がいるんですけれども、まあまあ……。一九七一年三月九日、帝国ホテルで、ロッテの重光さん、イニシアルT・Kという現在三十歳の女性、こういう私的なパーティーに行かれたことがありますか。大分古い話ですがね」
福田首相「どうも記憶がありません」

この三月九日は公子の誕生日で、韓国にいる李に代わり、重光と駐日公使の金在《キムジェ》権《グォン》（本名・金基完《キムギワン》）の二人が誕生日パーティーを催した。その場には途中で三十分ほどだけ福田首相も姿を見せ、西ドイツ製の置時計をプレゼントしたとされる。金在権は、その後に発生した金大中拉致事件の「現地工作の総括責任者」と目されていたことから、秦議員は続けて、こう尋ねた。

秦議員「総理、金在権氏をご存知ですか？」
福田首相「この方も公使をしておりましたので、そういうことで知っております」

秦議員「ロッテの重光さんとはどの程度ですか」
福田首相「これは碁の方ですね。重光さんとは碁を何回か打ったことがありますが、そういうことでよく承知しております。最近はつき合いがありませんけれども、よく承知して碁などを打ちました」
秦議員「あなたも実力ナンバーワンだから当然いいでしょう。
　イニシアルT・K、この人の名誉のために言いませんけれども、李厚洛氏の庇護を受けていた三年間に日本円で一億円を受けたと言っています。折から浦項です。地下鉄です。あれが日韓癒着の黒い金でなければ幸いなんですがね。こういう問題は関連委員会でやっていきたいと思うが、そのT・Kというふうな女性については全く覚えがないとこの席では断言できますか」
福田首相「全然覚えはございません」
秦議員「まあだんだん思い出すでしょう」

本社前で揺れたプラカード

それから二十年以上が過ぎた二〇〇二年十月――。

西新宿のロッテ本社前に五十代の女性が連日現れるようになった。彼女は正午頃になると姿をみせ、〈ロッテの重光武雄へ〉などと書かれたプラカードを首から下げて一時間ほど抗議行動を繰り返した。取り囲む複数のロッテ社員に「李厚洛にもらったマンションと五千万円の小切手を返せ」と訴える女性は、紛れもなく公子だった。

彼女は手書きで〈○○○○マンション302号室を頂いたのですが、ロッテ社長重光武雄に言葉巧みに騙し取られ、挙句の果てカギを勝手に開けられ李厚洛に関する証拠、その他、もろもろを略奪した極悪非道な輩である〉（○○○○は現物では実名）と露骨に重光を糾弾する言葉を書き連ねた。

重光は連日姿を見せる公子の様子を遠巻きに見ながら、「何とかしろ」と総務担当者に声を荒げていたという。

やがて公子は姿を見せなくなった。だが、それはまさに昭和の残滓だった。

序章で触れた通り、彼女がプラカードに書いていた部屋番号「302号室」は過去の登記簿を遡っても、どこにもロッテや公子の名前はなかった。その後の取材で、実は彼女がかつて暮らした部屋は、同じマンション内にあり、下一桁は合っていたが、別フロアの部屋だったことが分かった。長い年月が流れ、彼女の記憶も混濁していた。

その部屋は一九七〇年八月新築の七階建てマンションの3LDKで、登記簿によれば、分譲時から今に至るまでロッテが所有している。公子は自らこの物件を探し、内部を改装して茶室まで設《しつら》えていた。彼女はこの部屋が李からプレゼントされたものであり、自分の名義になっているものと信じ込んでいたのだろう。

実は、重光は赤坂のコロンビア通りにある高級マンションの、ロッテ所有の最上階の部屋も李に提供していた。一九七〇年四月に完成した、高所得者層をターゲットにした十二階建てのマンションで、かつては歌手の島倉千代子や小佐野賢治と密接だった趙重勳の大韓航空が社用として所有。ロッテと縁が深い岸の元秘書、中村長芳もここに部屋を持っていた。なかでも李の部屋は東京タワーが見える最高の眺望だった。

このマンションを巡る経緯について長男、宏之が語る。

「あるカメラメーカーがＶＩＰの接待用に保有していた部屋を頼まれてロッテが買い取ったものです。一九七〇年代当時、初台にある私たちの自宅は改修中で、我々家族もここのマンションの別フロアにしばらく住んでいました。すごく便利な場所でした。李厚洛さんが駐日大使を退任された後、『ここを使いたい』と言うので、来日時の別宅としてお貸ししていました」

今もヴィンテージマンションとして人気が高い物件だが、ロッテはその後も保有し続けている。実は、重光が李に提供していた部屋はこれに留まらない。

ロッテでは、重光に関わる資金や不動産は秘書室が一元管理し、他部署には触れさせない不文律があった。かつて秘書室長も務めたロッテの元常務、松尾が明かす。

「李さんには千代田区のマンションの一室もロッテが購入し、あてがっていました。いずれ李さんが公職を退いた後に、自分の名義で所有できるようロッテの社員に定期的に掃除に行かせ、管理するよう指示していました」

つまり重光は李厚洛に三つのマンションを供与していたことになる。ＫＣＩＡのトップとして本国に帰った李は、何のために別宅を必要としていたのか。今となってはその理由は判然としない。

日韓を揺るがした金大中拉致事件については、長い年月を経て、二〇〇七年に、革新系の当時の盧《ノ》武《ム》鉉《ヒョン》政権が「過去事件の真相究明委員会」を立ち上げ、調査を行なっている。その報告書で事件は、李厚洛を始めとするＫＣＩＡ要員二十四人に駐日公使などを加えた計二十七人が参加した組織的犯罪だと断定。韓国政府が事件後に組織的な隠蔽を図ったことも認め、朴大統領の〝暗黙の了解〟があったと結論付けた。

重光は、事件の当事者たちと密に関わってきただけでなく、岸―福田ラインに最も食い込んだ実業家でありながら、事件を主導した李厚洛には寵愛した女性の世話を焼き、三つの部屋を提供した。重光は、いずれ李厚洛が朴大統領の後継として国を背負う指導者となる夢を描いていたのかもしれない。

重光の元側近の一人は、「事件に関わったＫＣＩＡのメンバーだった一人は、のちに韓国のロッテで役員になっていました。名前すら忘れてしまいましたが、ロッテは金大中事件と何らかの関わりがあったのかもしれません」とポツリと漏らした。

重光は日韓の闇を浮き彫りにした事件の深淵を覗き込みながら、黙して一切語ることはなかった。自らが築き上げた人脈のなかで骨絡《ほねがら》みになっても、その闇に足元を掬《すく》われることはなく、したたかに混沌の時代を駆け抜けたのだ。

第七章

日本海を股にかけて

ソウルに「国策ホテル」

一九七〇年十一月——。重光は、駐日大使の李厚洛とともにソウルに向かう飛行機に隣り合わせで座っていた。金浦《キンポ》空港に到着すると、二人は朴正熙大統領が待つ青瓦台へと車を走らせた。

それは一本の電話がきっかけだった。電話の主は朴大統領本人で、重光に訪韓を促す内容だったという。

その時の面談の場面が、一九八八年に朝日新聞に連載された重光の手記「夢はペパーミントの香り」の初回に描かれている。

〈大統領が現れて、こう切り出した。

「観光公社経営の半島（バンドー）ホテルが大赤字で困っている。役人ではもう無理だ。

何とかできないか」。国際的なホテルをつくれという要請だった。

当時私は、日本での成功を踏まえ、韓国に進出し始めた直後。降ってわいたような話に、返答をためらった。が、李さんが後ろからつっついて「とにかくこの場はハイと言いなさい」とサインを送る。仕方なく「いや、わかりました」と返事した〉

重光には以前、製鉄業での韓国進出を打診され、準備を重ねた末に梯子《はしご》を外された苦い経験がある。しかも、専門外のホテル事業だ。逡巡するのも当然だったが、結果的にはこれが韓国でロッテが急成長するきっかけになった。

朴政権はロッテのホテル計画を〝国策〟と位置付け、全面的に支援することを約束した。観光振興に力を入れ始めた朴政権は、「観光振興首席秘書官」という役職を新設し、海外からの賓客をもてなす国際標準の一流ホテルの開発を最優先に考えていた。

ソウル市街の中心部にある半島ホテルは、日本統治時代に「朝鮮半島の事業王」と呼ばれた「旭化成」の創業者、野口遵《したがう》によって建てられ、戦後は韓国政府の管理下に入った。国際観光公社（現・韓国観光公社）が運営を担ったが、赤字続きで、もはや国営での経営は限界を迎えていたのだ。

重光は朴大統領からの申し出を受けると、帰国後、すぐに専門家十数人を集めたチームを編成。米国、欧州、東南アジアなどで一流と言われるホテルを見て回った。各国のホテルの建築デザインやインテリア、そして接客サービスまで具に観察することが目的だったが、視察だけではなく、訪れた国を知る努力も怠らなかった。

後年、秘書室に配属され、海外出張での重光の姿を目の当たりにした磯部が語る。

「現地に到着すると、最初の夜は邦銀の支店長に会うのが常でした。理由は、その国の国力や経済の動向を知りたいからです。そのうえで翌日からマーケットを見て歩く。ホテルやレストランの事業展開の参考にするためでもありますが、常に見聞を広め、幅広い知識を得て、人生の糧にしたいという向上心を持ち続けていた方でもありました」

与えられた命題に対して最善を尽くし、入念に検討を重ねる。その姿勢は重光にとってビジネスを成功に導く要諦であり、本業の業績を毀損しない範囲でいかにリスクを回避するかを優先して考えた。

ロッテにとって好都合だったのは、〝外国企業〟としての特権が利用できたことである。韓国は日韓国交正常化後の一九六六年に外資導入法を制定し、とくに在日同胞からの韓国投資を〝外国人投資〟として後押しした。これにより建設に必要な資材の関税や利益にかかる地方税、所得税が一定期間免除された。ロッテには願ってもない制度だった。

一九七三年四月二十五日、韓国の経済企画院は、外資導入審議会を開き、日本のロッテが持ち込んでくる投資三千万ドル、借款（転換社債）千八百万ドルの合計四千八百万ドルの外資導入を承認した。のちに総額一億五千万ドルにまで膨らむ、ホテルロッテ（のちにロッテホテルに社名変更）の建設プロジェクトは、こうして動き出した。

翌年には半島ホテルの一般競争入札が行なわれたが、応札したのはロッテ一社のみだった。その後、韓国政府は近隣にあった国立中央図書館もロッテに払い下げ、一帯を「特定街区整備地区」に指定して、ロッテが民間用地として取得できるよう計らった。

日本の帝国ホテルなどで経験を積み、のちにホテルロッテに入社した元幹部が語る。

「ドルを自由に使える許可を与えられていたので、格調高いホテルを作るために、イタリアから大理石を輸入したり、各国から内装用の資材を取り寄せていました。とくにこだわったのが、壁に使うインド砂岩。これは重光さんの指示で社員が現金を持って直接インドに買い付けに行きました。現地で契約したことでコストを十分の一に抑えることができた。インド砂岩はのちにロッテが百貨店を作る時にも使われました」

重光は帝国ホテルに足繁く通い、本館の外壁に使われていたインド砂岩の美しい風合いをいたく気に入り、導入を決めた。ホテルロッテは帝国ホテルを模したと言われているが、全体のイメージは京王プラザホテルを参考にした。一九七一年六月にオープンした京王プラザは、当時「世界最高層のホテル」として話題を呼んでいた。

その頃、ロッテ本社の総務課長だった松尾が明かす。

「基本設計については、久米設計と日本設計が候補にあがっていましたが、四千万円と見積もった久米設計に対し、日本設計はその倍。そこで久米設計に内諾を与えたのですが、重光は京王プラザを手掛けた日本設計にしたいとの意向でした」

結局、価格交渉を行なったうえで日本設計に発注することになったが、その後は追加発注を繰り返し、総額はみるみる膨れ上がった。実施設計を担当した戸田建設や実際に工事を請け負った韓国側の建設会社への支払いも重なり、難題は次々と降りかかってきた。

松尾が当時の状況を振り返る。

「資金捻出のために、ロッテが保有する品川区内の土地にマンションを建てて販売し、約六億円の純益をホテルロッテの費用に投入したこともあります。時には鞄に現金を詰めて秘書室長に持たせ、韓国にお金を運びました。ただ、当時の韓国では、設計料や管理費などのソフトの費用が、日本から送金できなかったため、その点は苦労しました。払えないものは日本の仕事で返すしかない。あるエンジニアリング会社のケースでは、『韓国での支払いができないので、何か方法を考えて欲しい』と重光から指示があり、入札が終わったばかりの滋賀工場の排水処理事業にその会社を押し込んだことがあります。最安値で落札した業者のところに車一杯のお菓子を積んで謝罪に行き、『この埋め合わせは必ずするので、今回は譲って欲しい』と頭を下げたのです」

ロッテは一九七八年に西新宿に十二階建ての新本社ビルを竣工しているが、その仕事は日本設計と戸田建設に依頼した。さらに同時期に行なわれた重光の初台にある自宅の改修工事も、この二社に委ねた。

ロッテが日本と韓国を跨ぐブリッジ経営を行なっていくにあたり、最大の強みは日本の事業を通じて蓄積した経営ノウハウと資金力である。これをいかに韓国のビジネスに反映できるかが、成功の鍵を握っていた。

母国から「再侵略」と非難されて

一方、最大の障壁は韓国国内の反応だった。ホテルロッテは、日本のロッテがほぼ百%出資した会社であり、初代社長には重光が韓国籍の「辛格浩」として就任した。しかし、重光が現地で本名を名乗っても、彼は「日本の企業家」と受け止められた。そしてロッテの進出を「日本資本の再侵略」と非難する声が後を絶たなかったのだ。

当時を知る元ソウル特派員が振り返る。

「批判をかわすため、重光は韓国国内のメディアには『ホテルの資材はすべて韓国国内で調達した』と説明し、祖国への貢献を語っていました。朴政権のもと、韓国の力を結集して後世に残るホテルを作った、と。ところが、私の前任の日本人特派員たちを食事に招いた席では、重光は部屋にあった大きな鏡を指して、『凄いだろう。これは日本で特注したんだ』と話していたそうです。記者の一人が『全部韓国製じゃないんですか』と尋ねると、『韓国でこれだけ大きな鏡を作らせたら、映った人が歪んでみえる。作れないよ』と説明した。彼は本音と建て前をうまく使い分けていたのです」

ちょうどこの頃、ロッテは石油化学事業への参入も果たしている。韓国での本格的な石油化学計画である麗川《ヨチョン》石油化学プロジェクトに資本参加することになったのである。このプロジェクトを牽引してきたのは、韓国政府と三井石油化学を始めとする日本の三井グループだったが、韓国政府は、両者が半々で出資した「湖南石油化学」の民営化を決定。政府出資分の株式が民間に払い下げられることになった。

韓国の経済成長の根幹を支える重化学工業への進出が悲願だった重光にとっては大きなチャンスだった。だが、その前に立ちはだかったのは、またしても韓国国内の冷たい反応だった。落札したロッテに対し、日本の経済産業省に相当する政府の商工部は、「ロッテは日本資本である」と主張し、露骨な介入をみせた。基幹産業を外国資本に任せるのは民族資本の育成に反するとして、払い下げた株式の一部を韓国の大手ゼネコンに持たせたのだ。

ロッテは約百六十億円もの巨費を投じて、この石油化学事業に進出したが、その後、今度は株式の配当を巡って三井グループと対立していく。

ロッテ元常務の松尾は「もう時効ですから」と断わり、こう打ち明けた。

「三井側は配当を求めましたが、ロッテは配当をもらっても、その分税金を払わなければいけないので受け取りたくない。日本のロッテとしては、お金は送っても、利益分は韓国国内で再投資に使ってもらいたい訳です。三井側と交渉しても先方が歩み寄れるはずもなく、最終的にはこちらで三井の持ち株を買い取る形になりました。ただ、その間も知恵を絞って策を講じました。まず、韓国側で転換社債を発行させ、日本のロッテはそれを買います。買って、すぐに株式に転換して無配当にする。向こうは転換社債ですから、利息を払う訳ですが、その利息が再投資資金になったのです」

そのスキームを考案したのは、副社長の松井静郎だった。松井は、ノンキャリながら国税庁主税局を振り出しに東京国税局の調査部長を経て、金沢国税局長を最後に退職。税務に関する実用書も多数出版している税の大家である。

松井の指示のもと、ロッテは韓国に持ち込んだ資金を現地で再投資することに賛同した取締役会の議事録を整え、日本銀行に提出。送金許可を得たうえで手続きをとったが、もちろんそこには日韓両国の政府による〝了解〟があった。当時、日本の蔵相は、重光と近い福田赳夫である。日銀はまだ大蔵省の支配下にあった。その大蔵省を説き伏せたのは、福田だったとされている。

後年、そのカラクリは思わぬ形で白日のもとに晒されることになった。

二〇〇五年、日本の国税当局がロッテに対し、一九六七年に設立された韓国ロッテから二〇〇四年までのあいだに一度も配当金が支払われていないとして、「三十八年間にわたり二千億円を韓国に投資したが、なぜ一銭も日本に持って来ないのか」と疑義を呈したのだ。その指摘を受け、韓国ロッテはこれ以降、営業利益の一％程度という最低ラインで配当を行なうようになった。一九七〇年代のロッテは、本業の製菓を中核にして食品や建設、石油化学へと多角化を進め、財閥への道を歩み始めたが、日韓での知名度に反し、その実態が長くベールに包まれていたことを物語る逸話である。

ソウルの中心部に念願のロッテホテルがオープンしたのは一九七九年三月十日。地上三十八階、地下三階、千を超える客室を擁する東洋随一の超一流ホテルだった。オープニング・セレモニーには韓国政府の交通部（日本の国土交通省に相当）長官やソウル市長、日本の財界人らが出席。重光が挨拶に立ち、「立派な芸術作品を祖国に残したいと切なる願いを持っていた」とその感想を口にしている。晴れやかな舞台を嫌う重光が、衣錦還郷の想いをストレートに語ったこと自体珍しいが、のちに重光は、ジャーナリストの佐瀬稔のインタビュー（「宝石」一九八八年三月号）に答え、「さあ、どうでしたか。いった覚えはありませんが……」と言葉を濁している。決して余計なことは口にしないという姿勢もまた彼なりの処世術だった。

オープン当日、現場に居合わせた元幹部によれば、重光はイベントの合間には控室で、気心の知れた友人とウイスキーを片手に囲碁に興じていたという。その相手は、前年まで福田内閣で蔵相を務めた村山達雄だった。重光が家族ぐるみで付き合い、ロッテと縁が深かった大蔵省ＯＢである。大仕事を成し遂げ、大好きな囲碁で旧知の村山とひと息つく。当時の重光にとって、安寧を得る心の拠り所は、まだ日本側にあったということだろう。囲碁は、重光にとって唯一の趣味らしい趣味だった。一九七九年のインタビュー記事（日刊ゲンダイ四月七日付）では、〈囲碁歴は十四年。現在、日本棋院のアマチュア三段〉と紹介され、囲碁仲間として参議院議長の安井謙、三菱銀行の田実渉相談役、国鉄の高木文雄総裁などと並んで村山の名前も記されている。さらに重光は、「打つのは週に二、三回。でも多い時は毎晩でも打ちます。正月は四日間、朝から晩まで」と囲碁への入れ込みぶりを自ら語っている。

一方で、重光にとって朴大統領とのパイプ役だった李厚洛の失脚は、大きな誤算だった。金大中拉致事件で、一九七三年十二月三日にＫＣＩＡの部長職を解かれた李は、その二日後にはソウルの米国大使館にビザの発給を求めた。それが拒否されると、二週間後に家族を残して単身で、韓国から極秘に出国した。心臓病の治療を名目にしていたものの、身の危険を感じ、逃亡を図ったことは明らかで、亡命の可能性すら指摘されていた。香港を経由してロンドンに向かい、ここでも米国のビザ申請が却下されると、英国領の保養地、バハマへと向かった。非居住者に税制面の優遇措置があるカリブ海の島に逃げ込んだ李は、朴政権を知り過ぎた男だった。国家機密や政権のカネの動向を知悉しており、李が開き直って口を開けば、朴政権へのダメージは計り知れない。李は、相手が下手に手出しできない安全圏に身を置いて、政権側と水面下での駆け引きを始めていく。

そして約二カ月後、李は朴大統領側から身の保全を担保する確約を得て、極秘に帰国した。そこからは自宅に籠って外界との接触を断ち、口を噤んだ。

その後、朴政権を取り巻く腹心たちのパワーバランスは目まぐるしく変化した。李厚洛失脚後に一躍最側近として権勢を振るったのが大統領警護室長の朴鍾圭《パクチョンギュ》である。通称、ピストル朴。射撃の名手ながら気性が荒く、すぐにピストルを抜くことからそう異名をとった。朴政権誕生以降、十年以上にわたってボディーガード役の警備室長を務めてきたが、ライバルの失墜で事実上の政権ナンバー2の座を手にした。

しかし、その栄華はわずか一年足らずで終わりを迎える。

一九七四年八月十五日、日本の植民地支配から解放された光復節を祝う式典で、大阪生まれの在日韓国人、文世光《ムンセグァン》による狙撃事件が発生。演説中の朴大統領に向けて放たれた銃弾は、大統領夫人の陸英修《ユクヨンス》の頭部を貫通し、彼女は四十九歳の若さでこの世を去った。素早く演壇の後ろに身を隠した朴大統領は難を逃れたが、応戦した朴鍾圭が撃った流れ弾で、合唱団の一員だった女子高生も命を落とした。犯人の文はその場で身柄を確保された。それから五日後、事件の責任を取り、朴鍾圭は大統領警備室長の職を辞した。

文は異例のスピード裁判により、十二月二十日には死刑が執行されたが、この事件は日韓関係に暗い影を落とすことになった。

犯行に使われた拳銃は、大阪府警管内の派出所から盗まれたもので、文は中身を抜いたトランジスタラジオに忍ばせ、日本人名義の偽造旅券で韓国に持ち込んでいた。韓国側は、文の供述から一連の行動は朝鮮総連の指令によるものだとして規制を求め、日本の責任を厳しく追及。一時は国交断絶まで視野に入れた強硬姿勢だった。

その混乱のなか、朴鍾圭に代わる警備室長に抜擢されたのが、のちに朴政権で〝君側の奸〟と称されることになる車智澈《チャジチョル》だった。車は空輸特戦団の大尉だった一九六一年、軍事クーデターに参加。朴正煕の傍らで常に手榴弾を携え、身を挺することも厭わない献身的な警護で知られたが、その後は国会議員に転じていた。車の警備室長への登用は政権内では想定外であり、大きな軋轢《あつれき》を生んでいく。

　車は貧しい農家出身で、陸軍士官学校出身ではない非エリートという劣等感を抱えてきた。彼は警備室長に就任すると朴大統領の信頼を独占すべく、面会者の選別はもちろん、身辺警護の枠を超えて、軍や国会の人事など〝政治〟にも介入し、絶大な権力を持ち始めた。

　当然ながら財界にも影響は及び、企業経営者として〝国策事業〟を行なう重光にとっても無縁の話ではなかった。当時を知る公安関係者が語る。

「車智澈は警護室の地位を格上げするために現役の将校すら自分の管轄下に置こうとした。その象徴が自ら陣頭指揮をとって定期的に行なった警護部隊の査閲式です。国家への忠誠を誓うべく、警護室の要員や青瓦台を守る作戦部隊などを集めて行進をさせ、それを名立たる要人と高みのロイヤルボックスから見下ろして検閲するのです。朴大統領と自分を同一視し、権力を誇示するためですが、財界や学術界などからも広く招待客を募っていました。敬虔なクリスチャンだった車は、重光とは同じソウルの教会に通っていたようで、重光はそこで個人的なルートを作ったと言われていました。

当時の韓国では、いかに重光が朴大統領と近しいとはいえ、警護室を通さなければ面会はおろか、電話もままならない状態で、車智澈は無視できない存在でした」

しかし、個人的な接点はできても、事はそう単純ではなかった。

一九七一年から四年間、政権の国務総理を務めた金鍾泌は、自著『金鍾泌証言録』のなかで、警護室長の車智澈がロッテホテルの建設にクレームをつけた顛末を記している。

〈旧半島ホテルの位置に建てられたロッテホテルは当初、40階を超える超高層ビルとして設計されたが、車智澈室長が1974年に就任した後、警護に支障が出ると言い、ストップをかけた。結局、当時国務総理だった私が掛け合い、朴大統領と話を付けて、ようやく37階（筆者注：実際は38階）とやや低めではあったが建設にこぎつけることができた〉

実はロッテホテルには、金鍾泌の右腕だった金東煥《キムドンファン》が、重光の後任社長として招聘されており、金鍾泌も一歩も引く訳にはいかなかったのだ。

この話にはさらに続きがある。車はその後、「大統領警備委員会」なる機構を立ち上げ、自らトップに就くと、金鍾泌の後任の国務総理、崔圭夏《チェギュハ》を配下の委員に据えた。

思い通りになる組織体系にしたうえで、ロッテホテルが完成すると、またしても難癖をつけてきたのである。ロッテホテルからは青瓦台がよく見下ろせるため、テロに使われる危険性があるという理由で北側のすべての窓に目隠しを設置させたのだ。かつて一九六八年に北朝鮮の武装ゲリラが朴大統領の暗殺目的でソウルに侵入。青瓦台の裏山まで迫り、銃撃戦を展開した「青瓦台襲撃未遂事件」を想起していたとはいえ、あまりにも過剰な反応だった。

その話を伝え聞いた金鍾泌は、警備室長とは別ルートの、金桂元《キムケウォン》秘書室長を通じて大統領に面会を求め、直談判に向かった。彼は「一方の窓を全部塞いでしまったら、客から不満が出るのに、どうしてそんなことを許可したんですか」と朴大統領に詰め寄ったという。

その場面が、『金鍾泌証言録』ではこう描かれている。

〈すると、朴大統領は「そこから青瓦台が見下ろせるからと、委員会がそう決議したというから私も同意したんだ。何を怒っているんだ？」と答えた。私は再度、重ねて訴えた。

「日本の東京・霞が関に行けば高層ビルは並んでいます。ビルの上からは天皇が住む皇居が丸見えですが、誰も危険だとみなしません。（中略）ロッテホテルに大砲を持って上り、撃たない以上、弾丸が青瓦台に到達することはありません。公然と民心を荒ら立てるばかりの意味のない愚策を、どうして許可したんですか。よくやったと仰ったんですか?」

朴大統領は黙って私の話を聞いていた。結局、ロッテホテルの目隠しはすべて取り払われた〉

ロッテホテルの当時の幹部によれば、重光はホテルの窓の目隠しを命じられ、「国のためにホテルを作ったのに、こんなことまでしなければいけないのか」とひどく落ち込んでいたという。しかし、側近たちが必死に励まし、「窓の内側をスクリーンにしてソウルの夜景を映してみたらどうか」というアイデアがもたらされると、それを実現するために動き始めた。知恵を絞りながら、政治力で危機を脱する。韓国でのビジネスで何度も裏切りを経験してきた重光は、難題を跳ね返す術もいつしか身に付けていたのだ。

ロッテにとって、果敢に朴大統領に進言してくれた金鍾泌は頼もしい存在であり、重光には気心の知れた相手でもあった。だが、彼も独裁政権下における足場は盤石とは言えなかった。金は朴大統領の姪を妻にもらった親族だけに、他の側近とは別格とみられていたが、大統領の座を狙っているとして、古巣であるＫＣＩＡから三度にわたって家宅捜索を受けている。身内であろうとも容赦しない朴政権に〝タブー〟はなかった。

激しい権力争いと疑心暗鬼。韓国でビジネスを成功させるには、その二つの狭間でいかにうまく立ち回るかが最大の課題だった。

そして、軍事独裁政権そのものが抱えるリスクも避けては通れない道だった。

一九七六年十月十五日、朴政権の恥部が思わぬ形で表面化し、青瓦台は騒然となった。米ワシントン・ポスト紙は、韓国政府が在米韓国人実業家の朴東宣《パクトンソン》を介して、複数の米下院議員らに年間五十万から百万ドルの賄賂を提供し、大掛かりな買収を展開していると報じた。その目的は在韓米軍撤退に反対するロビー活動であり、連邦捜査局も一連の対米議会工作について調査に乗り出しているとされた。さらに、米国がスパイ要員を使って韓国の青瓦台を盗聴、録音して情報を集めている疑いも浮上。米国メディアはニクソン大統領を失脚に追い込んだウォーターゲート事件になぞらえて、この事件を「コリアゲート」と呼んだ。

北朝鮮生まれの朴東宣、通称トンソン・パクは、朴正熙の親戚を騙《かた》る謎めいた人物で、高校時代に米国にわたり、米ジョージタウン大学を卒業。ワシントン近郊に高級社交クラブ「ジョージタウンクラブ」を開業し、そこを舞台にＫＣＩＡと組んで米政官界にロビー工作を行なっていたとされる。

朴と面識があるメディア関係者が当時を振り返る。

「朴東宣は、武器商人として知られるイスラエル出身のショール・アイゼンバーグやサウジアラビア出身のアドナン・カショギと並んで世界三大ロビイストの一人と呼ばれていました。本人は物腰も柔らかく、非常にジェントルマンです。彼は米国産のコメを韓国に輸入する権利を付与され、その手数料を工作資金の原資にしていました。そして連邦議員などを豪華なパーティーに誘い、贈り物攻勢と現金の提供を行なっていたのです」

疑惑発覚後、ロビー活動を依頼した朴政権側は関与を否定し、朴東宣も海外に逃亡。その後、彼は一九七七年九月に買収などの罪で起訴されている（のちに買収相手だった米下院議員に関する証言と引き換えに免責）。

当時、重光はこの朴東宣とも面識があった。朴は米紙の報道の二日後に来日し、二日間だけ滞在して出国。そして十月二十八日に再び入国し、月末にパリ経由でロンドンに旅立ったが、一九七七年三月号の「宝石」に掲載された作家、吉原公一郎のレポート「福田内閣閣僚〝朴政権〟交際地図」には「（朴東宣が日本に滞在している間に）ロッテの重光社長に会っていることはほぼ確実視されている」と書かれている。危機的な状態のなかで朴が接触を持った理由は不明だが、二人の人脈は深く交錯していた。

朴は日本とは縁が深く、大手商社や海運会社などと密接に関わっていただけでなく、政界にも太いパイプを持っていた。重光と近い安倍晋太郎元外相とは昵懇の仲で、ジョージタウンクラブに招いたり、彼が外務大臣になった時には依頼を受けて米国で対米外交活動を行なったとされる。

先のメディア関係者は、朴東宣と安倍晋太郎の関わりについてこう語る。

「朴東宣は昭和天皇が崩御された一九八九年一月、当時自民党幹事長だった安倍晋太郎から依頼を受けて、アフリカからの国家元首などの来日の仕切り役を務めていました。世界各国から大物が続々来日したことで、とても手が回らず、ジンバブエのロバート・ムガベ大統領や国連事務総長だったブトロス・ガーリ（エジプト）などとのパイプを持っていた朴東宣に白羽の矢が立ったのです。晋太郎の息子の晋三とは、彼が官房副長官時代に拉致問題の件で北朝鮮の意向を伝えるために面談しています。ただ、その時に、『議員会館の事務所に来て欲しい』と言われ、父親の友人に対して失礼だと憤慨し、それきり会っていないと話していました」

朴東宣は、コリアゲート事件で朴正熙政権に切られ、その後は外交で孤立する北朝鮮からアプローチを受けて、北のロビー活動を担うようになった。金日成主席にも面会を果たしている。彼と同様、コリアゲート事件を発端に、米国でのＫＣＩＡとのつながりが浮き彫りになったのが、米国で布教活動やビジネスを行なっていた旧統一教会の文鮮明である。反共を掲げて来た北朝鮮出身の文もまた、一九九一年に金日成と会見している。

米国側は、コリアゲート事件を受け、米韓関係について調査する組織を米下院国際委員会の傘下の国際機構小委員会として立ち上げた。委員長であるドナルド・フレイザー下院議員の名前を冠して「フレイザー委員会」と呼ばれるが、その約十八カ月に及ぶ執拗な調査が暴き出したのは朴政権の秘密資金や米国内でのＫＣＩＡの活動の実態だった。朴東宣が重光と近い李厚洛らと連携していたのに対し、旧統一教会側は、文鮮明の側近であった朴普熙《パクボウヒ》がＫＣＩＡの初代部長、金鍾泌と深く結びついたとされた。

フレイザー委員会は、朴政権に疎まれて米国に亡命中だったＫＣＩＡの元部長、金《キム》炯旭《ヒョンウク》や李厚洛の次男、李東勳《イドンフン》、そして統一教会の朴普煕ら三十人を超える証人を聴聞会に呼び、証言台に立たせた。米国在住だった李東勳は、父・李厚洛が国内外の企業から集めた金がスイスの秘密口座にあることについて、「スイス銀行にある金は確かに父が管理したが、その金は父のものではなく、朴大統領が使用するための政治資金だった」と説明。「父が中央情報部長の座から解任されたのは金大中拉致事件や中央情報部の不正腐敗のためではなく、拡大する李厚洛勢力に対する朴大統領の怖れのためだった」と語った。

李厚洛は一九七四年二月に帰国した後、仏門に入り、韓国仏教信徒会長という名誉職に収まっていたが、その後は一度も朴大統領に会えなかったという。

李厚洛の名前が取り沙汰された以上、コリアゲート事件からフレイザー委員会へと続く狂騒は、重光にとっても他人事ではなかった。だが、その心配は杞憂に終わった。フレイザー委員会は一九七八年十月三十一日の最終報告で一つの区切りを迎え、フレイザーが上院議員予備選で執拗な選挙妨害を受けて落選すると、一気に終息に向かっていく。疑惑はそのまま残ったが、朴政権の致命傷にはなり得なかったのだ。

李厚洛はのちに国会議員となり、再起を果たしたが、その後の政権で〝社会浄化〟を旗印に過去の不正蓄財の調査が始まると、いち早く米国に出国し、しばらく海外に体をかわした。そして、策を弄して帰国し、「モチの粉をこぼさずにモチを作ることができるのか」と朴正煕の政治資金を懐に入れたことを暗に正当化する言葉を残して開き直ったが、あえなく不正蓄財容疑で処分を受け、政界を引退した。当時を知る公安関係者によれば、この時の李の米国滞在の費用をロッテが負担したという噂も一部で流れたとされるが、今となってはそれを証明する術はない。

李はその後、再び隠遁生活に戻り、陶磁工房で土をひねりながら余生を過ごした。

激動の一九七〇年代が終わりを迎えようとしていた。

ロッテホテルがオープンすると、重光は珍しくメディアの取材に応じた。日刊ゲンダイの名物コーナー「社長の私生活」（一九七九年四月七日付）に登場し、「年収1億5千万円」と太字で書かれたサブタイトルとともに笑顔で写真に収まった。自らの経歴を笑いも交えて語りながら、「私の信条」として〈なるべくあまり神経質にならないように努めること。人に迷惑をかけないこと。公平であること〉、そして「将来の夢」

は〈世界一のホテルをアメリカ、ヨーロッパ、日本につくりたい〉と答えている。

韓国でのビジネスについては一切語られておらず、その朗らかな表情には、これまでの艱難辛苦《かんなんしんく》の日々を窺わせる暗さはどこにもない。

しかし、その半年後、重光は歴史の転換点に遭遇することになる。七九年の十月上旬、フレイザー委員会で朴政権の闇を赤裸々に暴露した元ＫＣＩＡの金炯旭が、パリで消息を絶った。回顧録の出版を巡って、朴政権側と水面下の駆け引きを行ない、カネを受け取りに行ったまま行方が分からなくなったが、のちに当時のＫＣＩＡトップ、金載圭《キムジェギュ》の指示で暗殺されたことが分かっている。

十八年間続いた朴正熙政権で確実に異変が起こっていた。繰り返される権力闘争の果てに、澱《おり》のように積み重なった不満はもはや抑えられないところまで来ていた。

ソウルの夜に銃声が鳴り響いたのは十月二十六日のことだった。

第八章

繁栄の代償

後ろ盾・朴正熙の死を乗り越えて

一九七九年十月二十六日の夜、ソウル市内にあるＫＣＩＡの秘密接待施設で催された宴席は、一瞬にして修羅場と化した。

「閣下、こんな虫けらのような奴を連れて、ちゃんと政治ができますか」

朴大統領の側近だったＫＣＩＡの金載圭部長は、傍若無人な振る舞いを続ける大統領警護室長の車智澈をこう詰《なじ》り、ポケットから取り出した拳銃で車に発砲。続いて朴大統領にも銃口を向けた――。

朴正熙大統領の〝最後の一日〟は、ロッテにとっても運命を分けた一日だった。

朴大統領が凶弾に倒れる数時間前、ロッテは難航していたソウル中心部の「ロッテ百貨店」の営業許可をようやく手に入れた。当時ソウルでは首都圏への人口集中を抑えるため、大規模なデパートなどの出店が規制されていた。さらに既存の百貨店からは〝外国資本〟による百貨店所有は国内市場への侵食を招き、外資導入の基本精神にもとるとして強い反対意見があったのだ。朴大統領と近いロッテは、国内に設立していた別の法人に事業を移管し、「デパート」ではなく、「ショッピングセンター」で申請を出す奥の手で規制をクリアした。晴れて朴大統領から営業許可の決裁が下りたのが、暗殺当日の午後だった。

すでに建物が完成していたロッテ百貨店は、これで開業の目処が立ち、半年前にオープンしたロッテホテルとともに韓国ロッテグループの中核を成していく見通しだった。

韓国での最大の後ろ盾を失った重光は、朴大統領の訃報の連絡を受けると頭を抱え、しばらく身動きすらできなかったという。

しかし、朴大統領亡き後も、重光の〝政治力〟は健在だった。

韓国はその後、「粛軍クーデター」で実権を握った全斗煥が、一九八〇年九月に大統領に就任。再び軍事政権が始まる。

全斗煥は、陸軍士官学校（十一期）を卒業後、ベトナム戦争の派遣部隊連隊長などを務めて、一九七九年三月に国軍保安司令官を任官。朴大統領暗殺事件では、合同捜査本部長を務めた。朴政権時代から、陸士十一期のメンバーを中心とした軍内の私的組織「ハナフェ」（一心会）を操り、朴大統領の死後には指揮系統を無視して兵力を動員し、下剋上で軍首脳を排除した。その後、潤沢な資金を持つＫＣＩＡの部長代理も兼務し、権力を掌握していく過程で、民主化を求める市民や学生を弾圧して多数の死者を出した一九八〇年五月の「光州事件」を指揮して後世に汚点を残した。

朴政権時代の闇を背負ったＫＣＩＡは「国家安全企画部」に改称されたが、それに代わって全の出身母体である軍の情報部隊「国軍保安司令部」（ポアンサ）が台頭する。その分室が置かれた「西氷庫」（ソビンゴ）は不満分子を連行し、拷問を加える地下室の呼称として悪名を轟かせ、前政権からの悪習は残されたままだった。

再び軍による圧制の恐怖が蔓延するなか、重光はいちはやく全斗煥に接触を図り、全を囲む財閥グループの一人に加わった。さらに一九八二年には重光とは三十年来の盟友で、韓国・ロッテ製菓の会長を十四年務めた劉彰順が国務総理に抜擢される〝強運〟にも恵まれた。重光は、全斗煥へとつながる人脈のなかで岸信介や福田赳夫ら親韓派の面々に先んじて太いパイプを築いた伊藤忠商事の瀬島龍三会長ともかねてから昵懇の仲だった。かつての大本営参謀から実業界に転じた瀬島は、一九八三年一月に中曽根康弘首相の電撃訪韓をお膳立てし、翌年、全斗煥が韓国の元首として初来日を果たした際にも尽力した。日本からの多額の経済援助を引き出したい全斗煥にとって、瀬島は最大のキーパーソンだった。重光が瀬島や中曽根と一層関係を深め、全政権と深く結びついたことで、ロッテは一九八〇年代に一気に飛躍していく。

当時の韓国は、日本が一九六四年の東京五輪を契機に経済成長を遂げた時代を二十年遅れで追体験しているかのようだった。

一九八一年九月、西ドイツのバーデンバーデンで行なわれたＩＯＣ（国際オリンピック委員会）総会で、ソウルが本命視されていた名古屋を大差で破り、八八年の夏季五輪の開催地を勝ち取った。そこから「先進国の仲間入り」をスローガンに、インフラの整備や都市開発が進み、五輪開催は、経済成長の原動力となった。

国民生活も大きく変化した。朴政権下では、頭髪や服装も取締りの対象で、深夜零時から朝四時までの夜間外出が禁じられた。家庭ではカラーテレビの放送はなく、白黒テレビのみだった。しかし、全斗煥政権は中高生の制服や頭髪を自由化し、カラーテレビの放送を一九八〇年十月に開始した。これにより家庭に一気にカラーテレビが普及し、色を取り戻した女性たちは化粧やファッションに目覚め、街も華やぎ始めた。そして一九八二年からは「夜間通行禁止令」が解除され、夜間の自由な外出が認められるようになったことで、国民は監視のくびきから解き放たれた。

さらに全政権は、民主化弾圧の政治批判から国民の目を逸らすため、スポーツ振興にも力を入れ、〝国策〟としてプロ野球やプロサッカーをスタートさせた。ロッテはすでに野球の社会人チームを持ち、日本では球界の盟主が冠していたため、名乗ることが叶わなかった〝ジャイアンツ〟をチーム名に付けていた。一九八二年に六球団からなるプロ野球リーグが発足すると、いち早く参画の名乗りをあげ、釜山を本拠地とする「ロッテ・ジャイアンツ」として心機一転、球団経営に乗り出した。立ち上げの苦労はあったが、毎年四十億円近い赤字を出し、悩みの種だった日本のロッテ球団に比べれば、韓国のロッテ球団の赤字はせいぜい二億円。これなら宣伝費としての費用対効果も見込める許容範囲だとみていた。全政権の柔和策は、ロッテにとっても追い風だった。

一方、一九七九年三月にオープンしたロッテホテルは一年目から黒字を達成し、上々の滑り出しをみせた。その勢いを駆って、開業初日に約十万人の来店客を集めたロッテ百貨店では、提携していた髙島屋の支援などを得て、女性店員が頭を下げて客を迎える日本式の接客を取り入れた。これが韓国の百貨店業界に旋風を巻き起こし、翌年には業界トップの座を奪った。こうして韓国ロッテグループは売上げで日本のロッテを抜き、十年で事業規模が日本のロッテの倍に匹敵する驚異的な成長を遂げていく。そして、次に重光が掲げたのが、壮大なテーマパーク「ロッテワールド」とそれを取り巻くように百貨店やショッピングセンター、ホテルなどを併設した巨大プロジェクトの構想だった。

約四万坪の敷地に、千二百億円の巨費を投じて作られるロッテワールドは、屋内テーマパークの「アドベンチャー」と野外の「マジックアイランド」から成り、アトラクションはもちろん一年中楽しめるスケートリンクも完備。家族連れで訪れてもショッピングや食事、映画も楽しめる一大レジャーランドである。

当時重光は、ロッテワールドを紹介するパンフレットに〈祖国のためにやりがいのある事業を残そう――ロッテグループ全家族は、その信念と自負心をもってこの事業を推進しています〉と高らかに謳い上げている。

韓国ロッテグループの元幹部の一人は、重光がこの事業の〝原点〟について語った次の言葉が強く印象に残っているという。

「僕がロッテワールドを作ったのは、韓国人ほど惨めな民族はいないからだ。祖国の人たちは歴史の中で辛い思いをしてきたのに、冬になるとみんな家に籠って、外に出て遊ぶ者さえいない。だから、この国の人たちをなんとか楽しませてあげたいと思ってロッテワールドを計画した。そして、その真ん中に大きなドームを作って一年中滑ることができるスケートリンクを設置した。すべて韓国の国民のためにやったことだ」

重光は一九七〇年代以降、毎年ゴールデンウィークの前後に故郷の地・蔚山に帰省するようになった。生家はダム建設によって湖底に沈んだが、その湖畔に白亜の別荘を建て、散り散りになった出身地区の住人らを集めてささやかな宴を催すようになったのだ。重光の兄弟やその配偶者と子供たちも参加するようになった。重光は帰郷のたびに、日本の伊勢丹で衣服などをたくさん買い込み、大きなトランクに詰めて、お土産として届けていたという。

そして次第にこの集まりは、地域の人たちを巻き込んだお祭り的な盛り上がりをみせるようになった。重光の長男、宏之が語る。

「最初は、父の好きだった素朴な故郷の料理を出していました。そのうちに釜山のホテルからシェフを呼んで料理を作らせるようになり、お酒や手土産も用意しました。多い時では親族だけで五十人、すべて合わせると千数百人が集まったこともあります。父はこの集まりをとても楽しみにしていて、昔の同級生や近くに住んでいたお爺さんらと歓談したり、地方議員や首長の方々の挨拶を受けて嬉しそうに過ごしていました」

それは時間をかけ、自分の中に祖国を取り戻していく〝儀式〟のようなものだったのかもしれない。ロッテホテルが芸術作品ならば、六十代を迎えた重光にとって、ロッテワールドは過去と近未来をつなぐ架け橋だった。

当然、そのための努力は惜しまなかった。重光はこの頃から一カ月ごとに日本と韓国を行き来し、奇数月は韓国、偶数月は日本で過ごす「シャトル経営」を実践した。韓国滞在中はロッテホテルの最上階で寝泊まりし、陣頭指揮を執った。

当時のロッテホテルの元幹部は、その頃の重光の様子をこう語る。

「重光さんは韓国ロッテの関連会社すべての動向に目配りし、日中は会議に追われ、夜も書類に目を通すなどして寝るのは大体午前二時頃でした。深夜十二時を過ぎる時間に私がロッテホテルや百貨店を巡回していると、私について一緒に見て回るのです。私も日本で有名と言われる複数のホテルで働きましたが、そんな経営者はどこにもいませんでした。『この人は凄い』と尊敬しました」

韓国事業の成功には、現地に住む重光一族も少なからず貢献している。

重光の末の弟である五男、俊浩《ジュンホ》は、三人の兄と入れ替わるように韓国ロッテに入り、ロッテ製菓で食品企業の買収や多くの新規事業で重光を右腕として支えた。

重光が渡日した後、身重だった先妻が生んだ長女、英子は母親を早くに亡くし、不遇な幼少期を送ったが、のちに韓国を代表する名門校、梨花《イファ》女子大に進学。卒業後はホテルロッテに入社して、重光からビジネスの手ほどきを受けた。重光は彼女を寵愛し、ロッテ百貨店でも活躍の場を与えた。

武雄の実妹で、十人兄弟の四女、貞淑《ジョンスク》の夫である元新聞記者の崔鉉烈も、重光を支え、韓国ロッテの成長に力を貸した。その後はトラブルで疎遠になるが、当時の崔は流通業の進出のため、いち早く日本から流通大手のジャスコ（現・イオングループ）を率いる岡田卓也社長を招いて共同事業の道を模索した。結果的に条件面が折り合わなかったものの、ロッテはジャスコ側から資料の提供や人材を派遣してもらうことで総合スーパー全般のノウハウを得ることができたという。ちなみにこの崔夫妻の長女は、日本の大学を卒業後、大韓航空などを擁する韓国の財閥、韓進グループの創業者、趙重勲の三男と結婚。グループの主力企業だった韓進海運の会長夫人となったが、夫の急死で、専業主婦から後継会長に就任した。その後は経営悪化から会社は破綻に追い込まれ、〝女帝〟と呼ばれて批判の矢面に立たされた。さらに、事前に持ち株を売り抜けたことで捜査対象にもなり、転落の一途を辿った。韓流ドラマさながらの泥沼の展開だったが、韓国では財閥同士の結婚は決して珍しいものではない。

懐に忍ばせた「二種類の名刺」

重光はその後、五年の歳月をかけて一九八九年七月にロッテワールド・アドベンチャーを完成させた。その過程では、五輪後の成長を見据えて協力を申し出た流通業界のトップランナー、ダイエーや街づくりのノウハウを持つ西武セゾングループなどの名立たる日本企業からのサポートも貪欲に取り入れた。

そこには朴正熙政権時代、ロッテホテルの建設で重光を苦しめた朴大統領の取り巻きによる横槍や嫌がらせは存在していないようにみえる。しかし、障害が何もなかった訳ではない。のちに誕生した金泳三《キムヨンサム》政権下で始まった韓国検察当局による秘密政治資金の捜査では、時の政権とロッテを含む財閥グループの不都合な関係が浮き彫りになった。

そこで明らかになったのは、全斗煥政権とその後を継いだ、盧泰愚《ノテウ》政権で蔓延していた賄賂の実態である。二人は陸軍士官学校十一期の同期で、盧泰愚もまたハナフェの中核メンバーだった。

全元大統領と盧元大統領は、国内の財閥や企業の代表からいずれも二千億ウォン（約二百六十億円）を超える巨額の賄賂を受け取っていた。ロッテからは全元大統領に約百五十億ウォン（十九億五千万円）、盧元大統領に約百十億ウォン（十四億三千万円）が拠出されていたことが明らかになったが、賄賂を贈ったロッテの立件は見送られている。さらにその捜査では全政権時代の八七年九月に、当時の国税庁長官が「大統領の指示でロッテ辛会長の税務調査を行なっている」とロッテに圧力をかけて税務調査に手心を加える見返りに資金の提供を強要していたことも明らかになった。重光は五十億ウォン（約六億六千万円）を払っており、元長官はのちに逮捕された。国税のトップが自ら手を汚す信じられない犯罪に直面していたのである。

重光の長男、宏之は、晩年に差し掛かった父親が「韓国の大統領はみんなおカネを要求するけど、朴正熙だけはそういうことはなかった」と漏らしていたことを覚えている。朴大統領時代は、最側近だった李厚洛とは公私を超えたつながりがあったように、ある種の信頼関係があったが、全斗煥以降は国を代表する財閥グループとしての〝義務〟として横並びの付き合いを続けたに過ぎないという認識だったのだろう。

しかし、裏を返せば、ロッテの一九八〇年代の繁栄は、〝賄賂〟の責務を果たしたことで、政府の〝特恵〟による格別な配慮で無難に成し遂げられたとも言える。

韓国ロッテを十八年にわたって支えてきた秋山英一は、その〝見えざる力〟で難題を乗り越えた逸話を『秋山英一聞書　韓国流通を変えた男』のなかで紹介している。秋山は「三越」を振り出しに出身地・福岡の老舗百貨店「玉屋」で実績を積んだ後、重光にヘッドハンティングされ、一九七七年にロッテ百貨店の事業本部長に就任。ロッテ百貨店を成功に導いた最大の功労者と言われる。

当時、秋山は好調なスタートを切ったロッテ百貨店で、増築による売り場面積の拡張を模索していた。ただ物を売るだけでなく、デパートに遊びや文化学習機能を持った空間を作り出すにはさらに広さが必要だと考えたからだ。前掲書から引用する。

〈ロッテホテルとデパートの間の角地には産業銀行があり、二つの建物を分けています。この土地を買収して新館を建てることで、一大宿泊・ショッピングゾーンを造る。

目標に向けて検討が進められました。

八三年四月には産業銀行の土地買収が成立。しかし難題が残っています。既存のホテル、デパートを含めて一体化する超巨大な建物の建設は、当時の韓国の建築法では認められていませんでした。すき間を空ける形で新館を建てるしかないと考え、（中略）三本の連結通路を造る、本館と新館の間に野外ステージを造り人を集める――などの代替案を検討しているうちに、ある日一体化案に対して突然政府の許可が下りました。どういう力が働いたのか、正直今も私には分かりません〉

この土地は当初、ロッテホテルとロッテ百貨店に不足していた駐車場の用地として重光が欲しがっていたが、産業銀行の抵抗に遭い、売買交渉は膠着《こうちゃく》状態だった。そこで、全斗煥政権が産業銀行に圧力をかけて譲渡を促し、契約が成立した。本来なら駐車場にしなければならないはずだったが、ソウル市はあっさり事業変更を認めた。ソウル五輪に向けて万全の体制で臨むという名目のもと、約三百八十室の増室となる新館の建設と百貨店の売り場拡張計画にすり替わったのだ。この一連の流れを勘案すれば、建築法のハードルもまた、重光の〝政治力〟によって取り払われたとみるべきだろう。

こうしてソウル五輪の開催に先立つ一九八八年八月、ロッテホテル新館はオープンし、ロッテ百貨店も大幅な拡張が実現した。ホテルには四百六十㎡の超豪華ＶＩＰルームが造られ、百貨店にも巨大な人工滝が設けられた。その完成に先立つ同年二月、日本から大物が宿泊に訪れ、韓国国内で憶測を呼んだ。

盧泰愚大統領の就任式のために訪韓した、時の首相、竹下登である。この時、竹下は日本の首相として初めてロッテホテルに宿泊。それまで歴代の日本の首相は、サムスングループが経営する韓国の名門「ホテル新羅」に宿泊するのが常で、この時も韓国政府からは「従来通りホテル新羅を」と要請されたが、竹下はそれを断わった。財閥トップのサムソンを差し置いて、前年の売上高でようやく十位に食い込んだ中位財閥のロッテの躍進に、「辛会長の政治力か」との見方が広がったのは当然と言える。

さらにソウル五輪後の一九九〇年三月、念願のロッテワールド・マジックアイランドの開園式には、福田赳夫元首相と中曽根康弘元首相という日本を代表する大物政治家が出席。重光の日本における絶大な影響力を改めて示す形となった。

肥大化する韓国ロッテは、その後、世界一高いタワーを構想に入れた「第二ロッテワールド」計画の実現を目指して突き進んでいく。

当時の重光は、「重光武雄」と「辛格浩」という二種類の名刺を使い分け、スーツは英国屋出身の行きつけのテーラーで設え、ワイシャツも纏めてオーダーした。靴は韓国のロッテ百貨店で揃え、人との歓談の場では葉巻をくゆらせた。それは日韓を跨ぐコングロマリットの頂点に君臨するカリスマそのものだった。

謙虚でいながら自信に満ちた口調で、時には得意気にこう自己紹介して笑いを誘っていたという。

「世界でも、(日韓で)二つの球団を持ち、二〇〇ものゴルフ場の会員権を持っている人は、私以外には、まずいません」

その頃、日本各地のゴルフ場では〝握り〟と称する賭けゴルフで、チョコレートが賭けの精算に使われていた。それを見た重光は、ゴルフ場の売店にチョコレートを置いてもらうよう発破をかけた。すると現場から「ゴルフ会員権を買ってくれたら置いてもいいと言われた」と報告が上がり、個人名義で購入していったのだ。

躍進を続ける韓国ロッテに対し、日本のロッテは多角化に走ることなく、あくまで食品を軸にした企業群で着実な成長を目指した。製菓業界全体の伸び率が停滞期に入るなか、「冬に売れるアイス」というコンセプトと「アイスを餅で包む」という重光のアイデアから生まれた「雪見だいふく」が一九八一年に大ヒット。その後も売れ筋の商品を連発し、一九八四年には明治製菓、森永製菓を抑えて製菓業界の売上げでトップに立った。

裏取引の汚点

その年の三月、昭和史に残る大事件が発生する。江崎グリコ社長の身代金誘拐で幕を開け、一年以上にわたって日本中を震撼させた「グリコ・森永事件」である。「かい人21面相」を名乗る犯人は、森永製菓、ハウス食品など食品メーカーを次々と脅迫し、毒入り菓子をばらまいて推理小説さながらの劇場型犯罪を展開した。日本がバブル景気に向かう〝前夜〟に発生した事件は、のべ百三十万人の警察官が捜査に投入されたが、事件は解決することなく二〇〇〇年二月に全ての控訴時効が成立した。

幸いこの事件では、ロッテは直接の被害は受けていないが、その二年後、ロッテの〝秘密〟が明らかになる。グリコ・森永事件の犯人が一九八五年八月十二日をもって〝終息宣言〟をしたのち、模倣犯からの脅迫を受け、三千万円を渡していたことが明らかになったのだ。警察にも一切届けず、封印していたはずの〝裏取引〟が漏れたのは、その犯人が九カ月後に再び脅迫状を送り付けて来たからだった。

その事件の概要を当時の報道内容などから再現してみる。

最初の事件は一九八五年九月十二日。会社に届いた一通の封書から始まった。「大蔵省主税局」と表書きされた封筒を開けると、そこには一枚の紙と鍵が入っていた。「三千万円を用意しろ。応じないと毒入りの菓子をばらまく。代々木駅のコインロッカーに見本を置いた。さらに一千個用意してある」

こう書かれた文書の末尾には「22号」とあった。コインロッカーに回収に向かうと、そこには大量のガムやチョコが紙袋に入れてあり、極秘にロッテの中央研究所で検査したところ、致死量を超えるかなりの量のニコチンが検出されたという。グリコ・森永事件を彷彿とさせる展開だった。

ロッテ側は犯人が脅迫状で指示した日付で新聞に尋ね人の広告を出し、電話番号を掲載した。それが取引に応じる意思を示す合図だった。その決断は当時副社長だった松井静郎が下し、韓国出張中の重光には伝えられなかった。ロッテでは、たとえ三千万円という多額であっても、重光の不在時にはカネは幹部が独自の判断で決済できる手順が整えられていた。

犯人からの電話は要件だけを伝え、一方的に切れた。一度に三千万円を渡せば、カネだけを奪われ、毒入り菓子の回収ができなくなる恐れがあったため、まずは一千万円だけを用意した。社員の一人が現金一千万円を持って、指定されたホテルのトイレに向かうと、封書があり、次の移動先が書かれていた。指示通り向かうと、また次の移動先。そのやり取りを何度か繰り返した頃には、もう会社を出て五時間が経過しようとしていた。現金入りのカバンを抱えた社員と彼のガード役として隠れて後を追っていた二人の社員の疲労が限界に近付いた時、最終的な目的地である「東京駅のコインロッカー」が指定された。そこにあったのは、三つの銀行通帳で、それぞれ一千万円ずつを今日中に振り込むようメモが残されていた。

これで残りの二千万円と引き換えに一千個の毒入り菓子を回収するという当初の目論見も潰《つい》えた。だが、要求には従わざるを得なかった。銀行はすでに閉まっており、現金自動支払機で三千万円を振り込み終えたのは午後六時。敗北感に苛《さいな》まれながら、副社長の松井は国際電話で、重光に事の顚末をすべて報告した。重光はひと言、「済んだことはしょうがない」と話したという。

その後、犯人との音信は途絶え、いつもの平穏な日々に戻った。これで決着したと誰もが思い、警察にも届けは出さなかった。ところが——。事件は再び動き出し、犯人は前回よりも金額を上げて五千万円を要求。その後の手口は同じだったが、今回は犯人が銀行に現金を下ろしに来たところを警視庁の捜査員に逮捕された。一九八六年七月三日のことだった。犯人のうなぎ輸入業者の男は「事業資金が欲しかった」と犯行動機を語り、前回手にした三千万円は東南アジアへの豪遊旅行に使ったという。

男の逮捕で、過去の〝裏取引〟がバレたロッテは、マスコミや世間から非難を浴びた。企業恐喝には毅然とした態度で臨み、警察の協力を仰ぐという原則からは逸脱した対応だったからだ。当時総務部長として、松井の下で現場の指揮を執り、マスコミ対応にも当たった松尾守人が明かす。

「もし二度目の要求があったら、すぐに警察に相談することになっていました。逮捕直前、警視庁刑事部の参事官から報告の電話が入ると、私はすぐに重光社長の所在を探しました。神奈川県内のゴルフ場にいることが分かり、『そのまま韓国に行って下さい』と伝えました。重光が『着るものがない』というので、秘書室長に届けさせ、有無を言わせず韓国に送り出したのです」

それは重光を守るための苦肉の策だった。犯人逮捕が公になり、重光の所在を問われた時に、「社長は韓国に出張中」と答えて煙幕を張るためでもあった。

実は、この事件には当時は語られなかった逸話がある。この時の警視庁の参事官は、元新宿署の署長で、本社を新宿区に置くロッテとは縁が深く、松尾も親しく付き合う仲だった。最初に事件の報告を受けた時、彼は松尾に対し、「なぜ事件を中曽根から落としてくるんだ」と怒気を含んで問い詰めたという。

中曽根とは当時の首相、中曽根康弘である。ロッテ側は中曽根に「極秘に捜査をして欲しい」と内々に相談し、事件は上からのルートを通じて捜査の現場に伝えられていたのだ。松井は参事官に対し、「二度目の脅迫があったことを重光に伝えると、そのルートが下りて来た。申し訳ない」と謝るしかなかった。

重光と中曽根との特別な関係を示すエピソードだが、この事件によってロッテも痛手を負った。その後のロッテには、事件に便乗した脅迫犯が次々と現れ、半年の間に五人の逮捕者を出した。あまりにも重い教訓だったが、そこにはロッテの〝聖域〟である重光を傷つけまいとする側近たちの苦労も滲んでいた。

家族という火種

重光にとって一九八〇年代は、会社の舵取りだけではなく、家族の在り方も変化を迎えた時期だった。

一九八一年、ロッテの秘書室長を務めていた松尾は、重光に呼ばれ、「韓国の政治家の娘さんが日本に留学して来るので、大事にしてあげてくれ」と依頼を受けた。後日、来日したのは、二十歳を少し超え、容姿端麗で華やかな雰囲気を纏った女性だった。のちに重光の〝第三夫人〟となる元ミスロッテの徐美敬《ソミギョン》である。

日本のロッテがチューインガムの宣伝のために始めたミスロッテの応募イベントは、韓国でも一九七二年から行なわれるようになった。その初代ミスロッテに輝いたのが、当時中学生の徐だった。その後はロッテのCMだけでなく、タレントとしても活躍していたが、突如引退を表明。彼女はひっそりと来日し、二年後に重光との間に娘、由美《ユミ》を生んでいる。重光は、三十七歳も年下の徐との関係を口にすることが気恥ずかしかったのだろう。当初は彼女の素性を伏せて、住むマンションの手配などを頼んでいたが、二人が交際していることは自然に重光の周囲には伝わっていた。

重光は最初の妻とは渡日後に死別しているが、徐と関係を持った時には歴《れっき》とした日本人の妻、ハツ子がいて、初台の邸宅には家庭があった。たとえ韓国の財閥トップとはいえ、愛人を堂々と日本に呼び寄せて、子供まで作ったとなれば険悪になるのは火を見るよりも明らかだった。そして、その板挟みになるのは決まって秘書室だった。重光はハツ子のことを〝初台〟と呼び、何か揉め事があれば秘書室に解決を頼んだ。

重光が長い年月をかけて作り上げた〝ロッテ王国〟は、秘書室をコントロールタワーとする独特の統治方法を採った。それは朴正熙が、十八年の長期政権で、秘書室長、大統領警護室長、中央情報部（ＫＣＩＡ）の部長を競わせるように組織運営を図った姿を模しているようでもあった。松尾は秘書室長時代、監査室長も兼務し、営業の会議であれ、工場長の会議であれ、全ての会議に臨席を求められたという。会社のあらゆる動きを把握し、その上で重光に意見具申する。例えば、カネの流れもその一つだ。税務調査の動きがあると、まずは重光が招聘した大蔵省、国税庁のＯＢが情報をとり、国税当局の現場責任者である統括官と交渉を行なう。もちろん脱税をしている訳ではないが、節税の範囲で意見の相違によって、修正申告を迫られるケースがある。金額の落としどころが決まれば、税務当局の顔を立てる形でこれに応じるが、秘書室が管轄する重光に直結する部分は〝聖域〟として死守する。税務調査で秘書室長の聴き取りが行なわれる日には、大蔵ＯＢの幹部から暗に休暇をとるよう指示が下る場合もあった。側近政治は世の常とはいえ、重光は自らの目の届く幹部だけにマネジメントを任せたいという傾向が顕著だった。

松尾は本社総務部長も経験しているが、生産管理も担当した。各工場長を統括するのは本社総務部だったが、ロッテにはどこの会社にもある生産調整機能を持った生産管理部が置かれていなかった。大局から指示を出す司令塔の不在は、現場に混乱を招く。例えば、ロッテの人気商品である「コアラのマーチ」は二つの工場で生産されていたが、生産量はその時々の工場を統括する幹部のパワーバランスによって決められていた。無意味な争いを避けるために生産管理部の創設が提案されたが、重光は総務部長だった松尾に、生産管理担当を委ねた。非上場のロッテゆえに許される歪《いびつ》な統治だったが、その分、負担は秘書役に重くのしかかった。

ある朝、重光は出社してきた秘書室長の松尾に言いにくそうにこう切り出した。

「松尾君ね、初台がベッドカバーをピンクにすると言っている。あれを止めさせてくれないか」

もちろん重光の頼みとあっては断る訳にはいかない。松尾はすぐに髙島屋の外商を呼んで、部屋のバランスを考えて落ち着いた色を提案する方向で、ハツ子を説得したという。一方、本妻であるハツ子も、時には松尾に対して「あなた、秘書に向いてないから辞めたら」と嫌味をぶつけることもあった。徐の存在も含めてコソコソと隠し事をしている気配が気に入らなかったのだ。

重光はその後、徐との娘、由美を認知した。彼女は「辛由美」として韓国の日本人学校などを経て、のちに早稲田大学に進学。母とともに日本に移り住み、重光が用意したマンションで暮らし始めた。

一方、重光とハツ子との二人の息子、長男の宏之と次男の昭夫は一九八〇年代にはすでに社会人として働いていた。二人は年子だが、ともに初等科から大学まで青山学院で、宏之は理工学部、昭夫は経済学部を選んだ。当初は、岸信介が孫の安倍晋三とその兄を通わせた成蹊学園に小学校から入れる話が持ち込まれていたが、「成蹊は高くつく」という理由で、重光がキリスト教系の青山学院に決めたという。

宏之は大学院の修士課程を経て、一九七八年に三菱商事に入社した。宏之が語る。

「私自身は、いろいろな付き合いができる銀行への就職を考えていたのですが、父が『銀行より商社へ行け』と言うので、両方受けました。結局、最初に内定を出してくれた三菱商事を選びましたが、いずれはロッテに入ることになるとは思っていました」

宏之がロッテに入社したのは三十三歳だった一九八七年。ソウル五輪の前年だった。

「私は三菱商事に勤めた後、友人が経営するコンピュータ関連の会社を経てロッテ商事に入りました。本社勤務では甘やかされるからか、最初は営業が厳しい関西支社に配属されました。二年ほどそこで経験を積むものだと思っていたのですが、翌年の年末に父から『アメリカのロッテの状態があまりよくない。お前行くか？』と電話があり、東京本社の国際部で三カ月だけ菓子作りの基礎を学んで米国に発ちました。その後は長くロッテＵＳＡにいて、米国で韓国人の今の妻と結婚しました」

一方の昭夫は大学卒業後、コロンビア大でＭＢＡ（経営学修士）を取得。一九八一年に野村證券に入り、ロンドン支店などを経て、宏之の一年後にロッテ商事の中部支社に入社している。昭夫本人はもっと早くロッテに入社することを望んでいたが、重光は、兄の宏之が入社するまで、昭夫の入社を認めなかったとも言われている。

昭夫は入社前の一九八五年六月、赤坂プリンスホテル新館に約五百人を集め、福田赳夫元首相の媒酌で、大成建設副社長の次女と盛大な結婚式を挙げた。披露宴には現職の中曽根康弘首相、そして岸信介元首相も出席し、三人の首相経験者が顔を揃えた。

さらに沖縄開発庁長官の河野敏夫や石原慎太郎、鳩山威一郎、小坂善太郎のほか、社民連からは田英夫や江田五月が駆け付けた。財界からも経団連の会長を務めていた新日鉄の稲山嘉寛を始め、名立たる経営者が出席し、政財官界の大物が集う異色の宴だった。この豪華な来賓は、重光が望んだものではなく、昭夫本人の強い意向だったという。

理系で学者肌の兄は電車通勤だったが、派手好きで自己顕示欲が強い傾向がある弟は愛車のポルシェで出社し、重光の怒りを買ったとの逸話も残る。一方で兄の宏之は、三菱商事時代に一度重光の意に沿わない相手との結婚話があり、三菱商事を辞める際にも重光の了解を得ず独立した。頑なな側面があり、その尻ぬぐいのために、困惑する三菱商事側にロッテの幹部が頭を下げに行った経緯もあった。

日本が狂乱のバブルへと突入した一九八〇年代後半。二人の息子は新入社員ながら課長待遇という破格の扱いで迎えられたが、ロッテは性格が対照的な彼らの登場で、後継者問題の萌芽が生まれ、新たな局面に突入していくことになる。

第九章

兄弟の亀裂と寂しき晩年

「千葉ロッテマリーンズ」誕生の真実

一九八八年十月十九日――。この日は、往年のプロ野球ファンにとって球史に残る特別な一日として記憶されている。

ロッテのホームである川崎球場で行なわれたロッテオリオンズ対近鉄バファローズの伝説のダブルヘッダー。そのシーズンは四連覇を目指す西武ライオンズが夏場まで首位を独走したが、近鉄の驚異的な追い上げで、ゲーム差〇・五で運命の日を迎えていた。近鉄が連勝すればパリーグ優勝が決定、近鉄が一つ落とすか、引き分けなら西武の優勝という緊迫した状況で、最下位のロッテは本拠地での胴上げを阻止すべく必死の食い下がりをみせた。

第一試合は七回が終わったところで、三対一でロッテが二点のリード。そこから八回に同点に追いついた近鉄は、「ダブルヘッダー第一試合は延長なし」という規定のなかで迎えた九回二死二塁の場面で、代打の梨田昌孝が決勝タイムリーを放ち、劇的な勝利を収めた。

そして第二試合。白熱のシーソーゲームが続いたが、八回表に主砲ブライアントの一発で近鉄が一点を勝ち越し。近鉄が勝利の流れを引き寄せ、テレビも編成を組み替えて急遽全国中継に踏み切ったが、粘るロッテはその裏に一点をもぎ取って同点に追いつき、試合は九回にもつれ込んだ。

ダブルヘッダー第二試合では九回終了時点で同点の場合、十二回まで延長が認められていた。しかし、試合時間が四時間を超えると、そのイニングで終了という規定があり、近鉄は背水の陣で九回表の攻撃に臨んだ。しかし、あえなく無得点。何とか延長に持ち込みたい近鉄だったが、九回裏、二塁走者の牽制死を巡ってロッテの有藤道世監督がベンチを飛び出した。九分間にわたる猛抗議に超満員の川崎球場に怒号が飛び交うなか、最後は延長十回、無情の時間切れで近鉄は優勝を逃した。トータル七時間三十三分に及ぶ死闘は、有藤監督の伝説の〝九分間の抗議〟とともに今も語り継がれている。

その翌年の九月。有藤は羽田東急ホテルで、ロッテの球団代表、松尾守人と向かい合って座っていた。プロ入りから引退までロッテ一筋で通し、二千本安打を達成した有藤は一九八七年、コーチ経験もないままに球団の要請で監督を任された。有藤と折り合いの悪かった三冠王、落合博満がトレードで中日に移籍し、厳しい戦力のなかで一年目はリーグ五位。そして二年続けて最下位に沈んだことで、成績不振の責任をとって辞めさせて欲しいという申し入れだった。

「何でこんなに早く意思表示するんだ」

松尾がそう尋ねると、有藤はこう説明した。

「監督の候補者になるような人は、九月早々にマスコミから解説者の声が掛かります。今言っておかないと、契約されてしまった後では、代表が次期監督を選ぶ時に困りますから」

その言葉を受け、松尾はオーナーの重光武雄に報告を上げた。重光との会話は至ってシンプルだった。

「何か悪いことしたのか？」

ことはしていません」

「じゃぁ続投させろ」

松尾は有藤に続投を指示した。ところが、十月に入って重光は松尾への前言を撤回し、有藤を辞めさせろと言う。重光の妻のハツ子が、家族ぐるみの付き合いだった元ロッテ監督の金田正一の妻とゴルフをした際、金田が再び監督をやりたがっているという話を聞き、重光の背中を押したのだ。前人未踏の四百勝を成し遂げた名投手、金田正一は重光にとっても特別な存在だった。

一九七二年のシーズンオフ、岸信介の右腕だった中村長芳の〝造反〟で、重光がやむなく球団オーナーになった際、ロッテオリオンズの新監督に就任したのが、金田だった。シーズン二年目にはチームに日本一の栄冠をもたらしており、一九七八年の監督退任後も、重光とは家族ぐるみの付き合いが続いた。金田が家族とソウルを訪れて食事をともにすることもあったという。金田は在日コリアン二世で、のちに帰化したが、同胞としての親近感もあった。

当然、その事情も分かってはいたが、松尾も黙ってはいられない。

「有藤に続投をＯＫしたんですよ」

「金田がやりたいと言っているんだ」

重光も譲らない。松尾は渋々受け入れ、意を決し、有藤を呼んだ。そして「俺も一緒に辞めるから」と頭を下げ、有藤もそれを受け入れた。有藤にとって金田は監督時代に選手として仕えた恩人であり、異論はなかったが、ミスター・ロッテと呼ばれた男に対する球団の非礼は、オーナー企業であるロッテそのものが内包するワンマン体質の現れでもあった。

実は結論から言えば、松尾はこの時の有藤との約束を果たすことができなかった。重光が、松尾の球団代表退任を許さなかったからだ。松尾でなければできない大仕事が一つ残っていた。

「千葉に移転するまで、お前がやれ」

松尾はこの時、フランチャイズを川崎から千葉に移す交渉を担当していた。彼は、有藤を夫婦で錦糸町のロッテ会館に呼び、事情を説明したうえで「勘弁して欲しい」と謝罪し、一年間だけ球団代表を続けた。

その移転計画の成否を左右したのは、長年にわたり日本の政治家と関係を築いてきた重光の最後の〝政治力〟だった。

一九九〇年春にこけら落としを迎える千葉マリンスタジアムを巡っては、千葉市などによる第三セクターが管理運営を担い、当初は市民のスポーツやレクリエーションの振興拠点としたい意向があった。プロ野球球団の誘致も有力視されていたが、それには地元自治体との折衝が必要だった。松尾が本格的に動き始めたのは前年六月、リクルート事件によって竹下登内閣が総辞職に追い込まれた後のことだった。スタート初年度はプロ球団の誘致はないとの方針のなか、水面下の攻防が続いた。松尾が振り返る。

「当時、セリーグの会長だった川島廣守さんが力を貸してくれました。その頃、ヤクルトも千葉側と折衝し、好感触を得ていたようですが、川島さんがヤクルトの田口周《いたる》球団代表に対し、『ロッテが先に意思表示しているから一年間待って欲しい。それで実現しなければヤクルトがやればいい』と言って抑え、他のセリーグ代表にも手出しをしないよう話してくれたのです」

川島は元警察官僚で、田中角栄内閣では官房長官だった竹下登のもとで官房副長官を務めた。彼は竹下に話を通し、協力を仰いだ。当時、マリンスタジアムがある千葉市は誘致に前向きだったが、千葉県は県民・市民のための球場として資金を拠出したなどとしてプロ球団の誘致には難色を示していた。そこで、竹下が自らの朝食会の場に、当時の沼田武千葉県知事を呼んで説得する流れが決まった。その報告を受けた重光は川島に会い、さらに「僕が竹下さんに会おう」と申し出て、朝食会の約二週間前に竹下事務所を訪ねたという。

竹下は時の首相として初めて韓国のロッテホテルに宿泊しただけでなく、一九九〇年からは日韓議連の会長も務め、重光とは気脈を通じた仲だった。

一連の説得工作が功を奏す形で、その後、沼田知事は「県も前向きに対応していきたい」と発言。県議会も一九九〇年十月にプロ球団誘致に関する請願を賛成多数で採択した。

こうしてロッテオリオンズは晴れて一九九二年のシーズンから本拠地を千葉マリンスタジアムに移転し、「千葉ロッテマリーンズ」と改称して新たなスタートを切ったのである。

これには後日談があり、千葉移転の功労者であった川島が一九九八年三月に球界のコミッショナーに就任した舞台裏では、重光の了解を得た松尾が、いち早く川島擁立に奔走。パ・リーグ会長だった原野和夫に根回しを行なって段取りを整えた。これもまた、「恩には報いる」という重光の信念を汲み取った動きだった。

後継者問題の萌芽

千葉への移転が決まったロッテ球団に、社長代行として乗り込んできたのは、重光の次男、昭夫だった。彼は入社二年目に重光から韓国の湖南石油化学に行くよう指示を受けたが、一年で日本に戻り、三十六歳で千葉ロッテマリーンズのフロントに入った。オーナー代行としてプロ野球機構のオーナー会議にも出席し、事実上、球団を任された形だった。

一方の長男、宏之はロッテUSAに移り、ガムベースの材料を半加工する工場の管理や世界一良質なミントがとれる五大湖周辺などから調達したガム用の香料をブレンドし、日本に送る仕事を任されていた。

重光は、研究肌の長男には米国から俯瞰したビジネスの流れを体現させ、派手さを好む次男には華やかな分野で才能を開花させることを期待していたのかもしれない。ただ、当時の重光にはまだ二人の可能性が見極められてはいなかった。

そこには判断の揺れが見受けられるが、当初は長男の宏之を後継者に想定していたようだ。一九八〇年代半ば当時、総務部長だった松尾が語る。

「重光会長が六十代を迎え、将来の相続のことも考えて、重光名義の持ち株を割り振る作業を始めた時、彼から『長男は後継者なので少し多くしてやってくれ』と言われました。実際に重光家の資産管理会社などの株は長男に多めに配分しました」

しかし、重光はかねてから宏之に後継者としての心構えを説いてきた訳でもない。二人の息子を育んだ重光家は、むしろその話題を避けてきたきらいがある。

重光の実弟、宣浩が振り返る。

「普通の家庭とは少し違って見えました。私にとって義姉であるハツ子さんは次男の昭夫のことを溺愛し、兄は宏之のことを可愛がっていた。家には身の回りの世話をするお手伝いが三人くらいいましたが、誰も帝王学を教えるような環境ではありませんでしたね。

よく覚えていることがあります。私が兄の家に行って応接間で話をしていると、ハツ子さんが入ってきて、何も言わず傍に座るのです。私たち兄弟だけで話をしていると気になるようで、長い時だと三十分くらいずっと黙っている。ハツ子さんの実弟はロッテの中央研究所で働いていましたし、実妹はロッテの幹部と結婚していて、兄に依存しているところに負い目のようなものがあったのかもしれません。兄もハツ子さんがいると口が重くなるので、席を外してもらおうと『兄さん、何か言って下さいよ』と促すと、『奥さんとは喧嘩するもんじゃない』と逆に怒られました」

重光は年の離れた弟の親代わりでもあり、身内の前でも威厳を失うことはなかった。ただ、長男の宏之の記憶では特別厳しい父親ではなかったという。

「母は典型的なO型で、人の意見も聞かないマイペースなタイプ。母によれば、父は『厳しく育てなければ』と常々口にするものの、『全然ダメだった』そうです。穏やかな家庭でしたが、父は私が仕事の領域に立ち入ると『出て行け』と厳しく叱る面はありました。私たち兄弟は年子なので、喧嘩もしましたが、決して仲は悪くなかった。弟は高校時代に学生運動にのめり込み、時には家庭にも議論を持ち込んでくることがありましたが、父の前では緊張して会話が嚙み合っていませんでした。それは三十代になっても変わらず、正月に実家に家族で集まった時などには、父が『おい、あれどうした？』と聞くと、まったく見当違いな話を始めて、それをみて母がよく笑っていました」

中学生の頃には両親に連れられて兄弟揃って韓国の地を初めて訪れた。それからソウルや父親の地元の蔚山にも幾度となく通ったが、それまであまり綺麗な街並みとは感じなかったソウルが、五輪を前に慌ただしく変化して行く様に、宏之も韓国の国威発揚のダイナミズムを感じたという。

その繁栄のなかで急成長を遂げた韓国ロッテ。その舵取りを兄弟のどちらに託すか。重光はロッテグループの命運を左右する重大な決断を迫られていた——。

ロッテ球団の千葉移転で、順調な滑り出しを見せた一九九〇年代のロッテにとって、最大の誤算と言われるのが、第一章の冒頭で触れた「ロッテワールド東京」だった。ロッテが一九六六年に将来の工場建設などを想定して購入していた江戸川区内の社用地、約十九万二千㎡に屋内テーマパークやホテル、商業施設を併設する構想で、重光はすでに八〇年代から検討を始めていた。

目と鼻の先にある「東京ディズニーランド」に規模では見劣りするものの、韓国のロッテワールドの成功で身に付けたノウハウを生かし、屋内人工スキー場も完備する構想を描いていた。一九九五年には「基本計画書」を作成し、九九年に着工、約四千億円を投じて二〇〇二年のオープンを予定していた。

実務はロッテ不動産に設置した「葛西プロジェクト」（通称Kプロジェクト）が担った。一九九三年三月には、基本構想の説明を受けた当時の江戸川区長が本会議で「区の活性化やイメージアップにつながる」として歓迎の意を表明。しばらく水面下で環境アセスメントなどが進められたが、九七年十二月、ロッテはこの巨大プロジェクトの全貌を発表した。翌年には創業五十周年を迎えるロッテが、バブル崩壊の後始末に追われていた日本に放った特大の大花火だった。

その時点で、すでにロッテのなかでは、ちょっとした計算違いが生じていた。

ロッテは一九九三年十一月、ロッテワールド東京が完成するまでの間と期限を切って、その建設予定地の一部に国内最大級のゴルフ練習場「ロッテ葛西ゴルフ」をオープンした。ところが、暫定的に始めた事業が、思わぬ好循環を生み始めたのだ。ロッテ不動産の元幹部が当時を振り返る。

「地価が上がり始めた一九八八年にその土地を鑑定評価に出したのですが、坪単価で約三百万円。社有地全体を約六万坪として千八百億円の計算でした。重光社長があの土地を買ったのは、恐らく湾岸道路が出来ることを知った上でのことだったと思います。葛西ゴルフは二百五十ヤードの距離を誇り、打席数は三百、それに四百台分の駐車場もある。イベントに使われることも多く、客単価も高いので、二年ほどで初期投資分が回収できた。のちに二十四時間営業になり、さらに利用者も売上げも増えた。練習場以外の土地も中古車オークション会社などに賃貸で出していたので、外部賃貸料を含めると、あの土地だけで年間二十億円ほどのあがりになったのです」

嬉しい誤算だったが、あくまでも暫定使用であり、最終目標はロッテワールド東京の建設である。ただし、行政との折衝で越えなければいけない関門はいくつもあった。

まずは、レジャー施設を作るための所有地全体の用途変更の手続きが必要だった。対象となる土地は流通業務用地であり、本来であれば倉庫や物流センターなどの施設しか建てることができない。そこでロッテ側は都政に精通した自民党の中曽根派議員にアプローチし、申請書類を整えるためのアドバイスをもらう方法について一計を案じた。重光には事後報告という形だったが、仲介役を務めたのは中曽根康弘の元秘書である。

その自民党議員が、赤坂の料亭で東京都の都市計画局（当時）の幹部と会食している場面に、隣室で偶然食事をしていたロッテの幹部が、折をみて挨拶に行き、相談を持ち掛けるという〝小芝居〟を打ったのだ。

首尾よく成功し、九七年には東京都に環境影響評価書を提出して住民説明会を実施。翌年三月に、都はロッテが計画を進める江戸川区内の土地について「臨海町二丁目地区再開発地区計画」決定を公告した。その計画では、ロッテの子会社である「葛西開発」がロッテワールド東京の整備事業を担うとされていた。あえて新しく会社を設けたのは、大規模開発の場合、地域住民への対応が必須であり、反対運動が起きる最悪の事態を懸念してのことだった。もちろんそこには、ロッテの〝聖域〟である重光を守るという大前提がある。住民が反対運動を展開し、「社長を出せ」と怒鳴り込んできた時に、重光に累が及ばないよう、ロッテ本体とは切り離し、葛西開発が矢面に立つ場面を想定していたのだ。

土地計画の変更までは順調に進んだ。しかし、そこからロッテワールド東京の計画は、重光の勇ましい掛け声とは裏腹に、次第に勢いを失っていく。

一九九九年三月には東京都の環境影響評価案による都民からの意見を受けて、ホテルの規模を当初計画していた三棟から二棟に減らし、客室数も縮小。二棟は高層と低層の二つに分け、高さ約二百十メートル、地下二階地上五十一階建ての高層棟「グランドタワーホテル」と低層棟にはウエディングやフィットネス施設などを備えることで辛うじて当面の面目は保ったが、ドームや商業施設の規模も一部変更を余儀なくされた。総投資額も三千五百億円に引き下げられ、日本と韓国の共催でサッカーW杯が行なわれる二〇〇二年に合わせて開業する青写真も崩れ始めていた。

二〇〇〇年には、当初予定していた屋内人工スキー場の建設も中止に追い込まれた。投資額も三千億円まで目減りし、完成予定が二〇〇四年末までずれ込む可能性が浮上していた。翌年二月には江戸川区長が、「着工の見通しは立っていない」と発言し、ロッテと開発主体である葛西開発が、融資計画の見直し作業を行なっていることも明らかになった。要は銀行側から融資を渋られ、事実上、暗礁に乗り上げている状態だったのだ。

ロッテのメインバンクは、かつての第一勧銀（現・みずほ銀行）と三和銀行で、営業系は第一勧銀、工場系は三和という大まかな棲み分けがあったが、このプロジェクトに関しては二つのメインバンクだけでなく、他行も融資に難色を示していた。

そしてついにロッテは二〇〇一年二月二十六日、ロッテワールド東京の着工を延期したことを正式に発表する。その年の秋に「東京ディズニーランド」の隣に「東京ディズニーシー」が開業するなど、周辺の集客施設の状況が計画時の一九九三年から大幅に変わったことを理由に挙げ、あくまで見直し作業のための延期だと説明。規模を縮小して二〇〇四年の完成を目指すことに変わりはなく、中止する考えはないと強調した。しかし、実現の可能性が大きく後退したことは誰の目にも明らかだった。

その四年後——。業界紙「日本食糧新聞」の二〇〇五年元旦の紙面に登場した重光は、ロッテワールド東京についてこう語っている。

〈なんとしても実現させたい。やり方を考えれば絶対成功する。葛西に約六万坪の土地を用意してある。三〇〇〇億円程度の投資額で、銀行を始め皆さんに失敗すると反対され計画が延期されたが、ここにきてもう一度復活した。十数年間、日本、韓国、米国、スイスなどあらゆる人材を投入して何百億という資金を投入して研究してきた。これを日本で実現させ、できれば中国でもやりたいと考えている〉

実は、Kプロジェクトはその後も存続していた。重光は、以前からロッテワールド東京に出向の形で関わっていた電通の担当者を二〇〇三年に三顧の礼をもってロッテに招聘している。そして、本社に置いた重光直轄のプロジェクトチームのトップを任せ、約四十名のスタッフで、検討を重ねさせていたのだ。

メディア嫌いの重光にしては珍しく、その後も二〇〇五年の七月には「日経ビジネス」（七月十八日号）に登場。ロッテワールド東京と同時期に、ニューヨークにもロッテワールドを作る構想があったことも記事では紹介されている。

〈ニューヨークは冬の寒さが厳しいから、ドーム型のレジャー施設は絶対に成功する〉

そして重光は、実際に米国を代表する不動産王とニューヨークの用地買収の交渉を進めたが、価格交渉で折り合わず、最終的に断念したという。誌面では不動産王の名前が伏せられているが、それは、のちに米国大統領となったドナルド・トランプのことだろう。

日本での停滞、韓国での躍進

重光の夢は世界を駆け巡り、そして日本で花開くはずだった。しかし、残念ながら、ロッテワールド東京が、その姿を見せることは、終《つい》ぞなかった。彼の夢の到達点は、日本ではなく、韓国で二〇〇九年からようやく一部着工に入った第二ロッテワールドに持ち越されることになった。

躍進を続ける韓国ロッテは、ソウルのロッテワールド成功の勢いを駆って、一九九〇年代後半には韓国第二の都市、釜山に進出した。ロッテ・ジャイアンツの本拠地でもある釜山は、重光の出身地・蔚山と隣接しており、両市を含む慶尚南道地域への貢献は、重光にとっては望外の喜びでもあった。

アミューズメント施設を兼ね備えたホテルと百貨店、ショッピングセンターなどを擁し、釜山版ロッテワールドとして記念すべきスタートを切った一九九七年三月。そこには中曽根康弘と、その後を継いだ竹下登という二人の首相経験者。さらに竹下が会長を務める日韓議連の副会長で、翌年に首相に就任することになる小渕恵三も開館式のテープカットに並んだ。重光が長年培ってきた日本の政治人脈が、ここに結実したと同時に、重光にとって後継者問題という重い決断に一つの区切りがついた年でもあった。

この年、重光昭夫は韓国ロッテグループの副会長に就任し、韓国の事業全般を指揮する立場になった。重光は韓国ロッテの命運を次男、昭夫に委ねたのだ。しかし、それは必ずしも昭夫の手腕を高く評価したからではなかった。

千葉ロッテのオーナー代行に就任した昭夫は、元来の野球好きもあって積極的に改革に着手した。「マリーンズのライバルはディズニーランドだ」と号令をかけ、野球場が地域に根付くようエンターテインメント性を持たせる「ボールパーク」的構想を打ち出した。先見の明はあったものの、好調だった初年が過ぎると、翌年は昨年比で一試合平均一万人の観客減となり、コミッショナーから「経営努力が足りないのでは」と叱咤を受けた。独自調査に基づき、高騰する選手の年俸を食い止める「上昇率の上限設定」を設ける私案を持ち込んだり、一リーグ制や十二球団総当たり戦を提案するなど、前のめりに改革案をぶち上げたが、空回りの感は否めなかった。そして肝煎りの日本初、ジェネラルマネージャー（ＧＭ）制度の導入では、広岡達朗ＧＭとバレンタイン監督の確執を招き、一年で監督解任へと傾いた。その後も成績不振と伊良部秀輝投手のＧＭ批判、メジャー移籍騒動などの混乱が続いた。もちろんすべてが昭夫の責任ではないが、赤字が雪だるま式に増えていく状況に歯止めをかけることはできなかった。

同時期に任されたファーストフード事業「ロッテリア」でも、その評判は芳しくなかった。事情を知るロッテの元幹部が語る。

「昭夫さんがロッテリアの経営にコンサルタント会社を多用し、しかもそれぞれが違う提案をするため、指示系統が割れ、現場は混乱していました。重光社長は『昭夫はハンバーガー一個を作る大変さを知らない』と嘆いていましたが、それでも昭夫さんが別会社の敏腕社員が欲しいと言えば、『言う通りにしてやってくれ』と甘やかしていました」

ロッテリアが一九九〇年から順次発売した「カイザーサンド」シリーズでは、商標権侵害の疑いがあり、約十二億円の巨額訴訟を起こされそうになったことがある。その善後策を話し合う会議では、なす術もない昭夫の様子を見るにみかねて、重光が「これは昭夫には無理だ」と別の役員に対処を依頼した。大勢の役員の前で指導力不足を指摘される形となったが、この件は後を受け継いだ役員の尽力で和解で決着したという。

昭夫の就任から五年、ロッテリアは危機的状況を迎えていた、主だったロッテリアの役員は次々と異動か退職を余儀なくされ、業績も前年比を上回ることはなかった。その頃、ロッテリアの当時の部長に対して行なわれたヒアリング（一九九六年十二月五日）の報告書が残されている。そこでは当時専務だった昭夫が「社員が無能だからコンサルタントを使う」などと発言し、〈報告書等の内容が自分の意に反するものである時、その者の前で、報告書を破り捨てる〉と指摘されている。

部下への当たりも強く、社員の間では「ロッテリアは重光社長が昭夫にあげた玩具のようなもの」と揶揄する声まであがるほどで、昭夫は日本のロッテで孤立し、完全に信頼を失っていた。

その昭夫が、活路を求めたのが「韓国」だった。裏を返せば、重光にとっても、昭夫を再生させる道は、それしかなかった。

しかし、韓国には主力のロッテ百貨店などを牽引してきた、重光の長女、辛英子がいる。ショッピング事業を統括する彼女の影響下にあった韓国ロッテの老練な幹部たちは強者揃いで、日本から来た昭夫を手放しで受け入れてはくれなかった。当時の昭夫が「私にとって韓国語は第三言語」と話していたこともマイナスに働いた。韓国語を日本語だけでなく、野村證券のロンドン支店勤務などで身に付けた英語の後に位置付け、片言の韓国語しか話すことができなかったからだ。

そのような覚悟が試される場面で、彼は母・ハツ子がかつて養子縁組までして手に入れた「重光昭夫」の日本国籍を捨てた。そして一九九六年八月をもって、韓国籍の「辛東彬《シンドンビン》」として生きることを選択したのである。翌年、韓国ロッテグループの副会長に就任すると、そこからの昭夫は、金融知識を駆使し、韓国でM&A（企業の合併・買収）を次々と手掛けていく。

ロッテの元常務、松尾は昭夫が韓国籍を選んだことを聞き、肩の荷が下りたように安心したという。

「韓国ロッテはロッテホテルを核にした企業群になっていますが、ロッテホテルの株の大半を握っていたのは日本側のロッテ。いわば日本が〝オーナー〟ですから、そこを宏之さんが担い、韓国を昭夫さんがやる。あとは参謀が脇を固めればロッテは大丈夫だと思ったのです」

日本は長男、次男は韓国。その棲み分けで万事うまくいくはずだった。だが、後継者争いは、その後、一層本格化していくことになる。

終章　政商から「日韓の架け橋」へ

未曽有の被害をもたらした東日本大震災が発生した二〇一一年三月十一日。重光武雄はソウルにいた。彼の最晩年は、この日から歯車が狂い始めたと言っても過言ではない。

彼は地震の少ない韓国から渡日して、初めて日本で地震に遭遇した時の恐怖が晩年まで消えなかった。その影響で東日本大震災後、来日を躊躇うようになった。当初は「しばらく韓国にいる。必ず戻るから」と言っていたものの、それ以降、亡くなるまでの来日は、わずかに四回。追い打ちをかけるように二年後の十一月には、ロッテホテルの居室にあるシャワー室で転倒してしまう。股関節にヒビが入る怪我を負い、手術を受けた。齢九十一を超え、車椅子生活となり、日本と韓国を一カ月ごとに往来した「シャトル経営」も、もはや見る影はなかった。数年前まで「ロッテワールド東京」の開業に自信を漲《みなぎ》らせ、怪気炎を上げていたのが嘘のような衰弱ぶりだった。

彼は、時間の大半をソウルにあるロッテホテル三十四階の自らの執務室兼居室で過ごし、日本と韓国のロッテを束ねる〝総括会長〟として君臨した。図らずも転倒事故で明らかになったのは、重光家の四人がバラバラに暮らしていた実情だった。息子夫婦はそれぞれに家庭を持って独立し、妻のハツ子は初台の豪邸で一人暮らし。第三夫人も日本に住み着き、重光は一人、韓国のホテルにいた。辛うじて重光の誕生日には家族四人が集うが、夕方から食事を共にして、すぐにお開きとなる形式的なものになりつつあった。

次男の昭夫が、韓国事業を担うようになった一九九六年、ロッテＵＳＡに約七年いた長男、宏之が日本に帰国してきた。当時の重光は、日本を宏之に、韓国を昭夫に任せるという棲み分けの方針はあったものの、二人の実績や経営手腕には一抹の不安を感じてもいた。

ロッテの元常務、松尾は、重光から「二人を並べて経営能力を判断して欲しい」と頼まれ、その方法を考えあぐねていた。比較する前に、まずは宏之を日本に戻す必要があった。父親の目が届きにくいアメリカは、宏之にとっては居心地が良く、口実がなければ戻って来ないと考えた松尾は、ハツ子と相談のうえ、渋谷区松濤に宏之の家を建てる計画を進めたという。

宏之の帰国にあたり、重光が松尾に出した条件は、「宏之が社員に直接命令を下すようなポジションには置かない」、そして「本社には置かない」の二つだった。

松尾は苦肉の策として、システム開発と市場調査などを行なう「ロッテ総合研究所」という会社を新たに設立し、本社とは別の貸しビルに拠点を置いた。松尾が述懐する。

「宏之さんが三菱商事を辞める経緯も含めて、重光会長にはどこかで『宏之は自分の言うことを聞かない』という気持ちがあったのでしょう。私は宏之さんに有能な社員を側近としてつけ、月に一回程度、新宿のホテルセンチュリーハイアット（当時）の地下の和食屋に呼び、仕事全般について話をしました。お酒を飲みながら帝王学を授けたつもりですが、他の幹部からは『宏之さんに経営能力があると思われますか。ないと判断したら社長にそう進言するのが人事担当常務のあなたの仕事でしょう』と苦言を呈されたこともあります」

宏之は四十代とはいえ、ロッテに入社してまだ十年足らず。日本のロッテを背負う後継者として学ぶべきことはまだまだ無限にあった。

当時、重光家では恒例行事として、毎週日曜日に初台の自宅に親子で集まって話をする〝初台会議〟なるものが行なわれていた。宏之も、弟の昭夫も半ば強制的に、毎週出席が義務付けられており、バーベキューやお手伝いさんが拵えた料理、時にはハツ子が作った韓国料理や店から取り寄せた料理を食べながら、歓談するのが習わしになっていた。それはまるで理想の家族を絵に描いた幸せの構図のようでもある。

重光は毎週日曜日、夕方になると自宅に戻り、リビングで新聞を読んだり、テレビを観て手持ぶさたに時間を過ごし、食事の支度が整ったと声が掛かると、家族と卓を囲んだ。そして食事が終わると、また忙しそうに出掛けていくのが常だった。

重光から息子二人の〝教育係〟を任されていた松尾は〝初台会議〟について、昭夫がこう語っていたことが強く印象に残っている。

「私はいつも孫を連れて行くんです。そして父に孫を抱かせておいて、会社の問題点を話して決裁をもらう。でも、兄貴は孫も連れて来ないで、いつも一人で来る。下手なんですよ」

一方、宏之は当時を振り返って「毎週ですから、結構辛かったですよ」と苦笑するが、親から孫の世代までが一堂に会し、ざっくばらんに語り合える機会は、煩わしくもある反面、人生のなかで重要な意味を持つこともある。そのことを誰よりも知りながら、背を向けてきたのは、宏之ではなく、むしろ後継者問題に悩んでいた重光本人だったのかもしれない。

重光家のボタンの掛け違いは、ここから少しずつ始まっていく。

重光の死後に明らかになったことだが、彼は二〇〇〇年三月に遺言状を残しており、そこには自筆で、「ロッテグループの後継者として次男の重光昭夫を指名する」と明記されていたという。しかし、その言葉とは裏腹に、重光は二〇〇一年五月に二人の息子を揃ってロッテの副社長に昇格させた。

さらに二〇〇四年九月二日には、二人の息子にロッテや重光が所有していた不動産を相場よりも格安でそれぞれ譲渡している。宏之は一九九六年一月に新築された松濤の三階建ての自宅の土地と建物をロッテ商事から購入。一方、昭夫は代々木にある自宅の土地と建物を父、辛格浩から購入している。この二つの物件には、それぞれ三億五千万円と四億五千八百万円の抵当権が付けられていたが、のちにそれも同日に抹消されている。昭夫の自宅の方がかなり広いが、評価額はほぼ同じだったという。つまり、すべては計算し尽くされたうえで同日に、しかも平等に分けられているのだ。

二〇〇九年にはその総仕上げとして、宏之と昭夫を揃ってロッテの持ち株会社であるロッテホールディングス（以下、ロッテHD）の副会長に引き上げた。「日本は宏之、韓国は昭夫」という基本方針に変化はみられず、重光本人は後継者問題を尋ねられると、「私は百二十歳まで経営をやる」と嘯《うそぶ》いてみせ、本心を誰にも悟らせようとしなかった。

その頃には、長年にわたって重光を支えてきた功労者たちも次々とロッテを去り、彼の本心を汲み取って動く者はいなくなっていた。一九四八年に設立したロッテは、創業六十年を迎えようとしていたが、重光の信頼を勝ち得た者が、次第に疎まれ、ロッテを去って行く傾向は、すでに一九八〇年代からあったという。

重光が韓国に再進出を果たした当時に側近として仕えた元専務は、ロッテが日韓で飛ぶ鳥を落とす勢いだった八〇年代にロッテを辞めた。その理由を尋ねると言いにくそうにこう打ち明けた。

「重光さんの親族との間でいろいろな問題が出てきたので私は辞めました。我慢して、韓国で仕事をし、日本でもロッテグループ全体をまとめる仕事をしましたが、結局重光さんの身内から『会社を乗っ取るつもりだろう』などと、いろんな妨害、中傷があって私の家族まで精神的に参ってしまった。それで嫌気が差したのです。これ以上の詳細は語りたくありません。ただ、重光さんに辞表を持っていくと、『とんでもない話だ。君の代わりはどうするんだ』と受け取らなかった。それで一年間だけお礼奉公することにして、その間に替わりを見つけてもらうようお願いしました」

その後、米国の会社に移った彼は、二年後に所用で韓国を訪れた際、ロッテホテルに宿泊し、重光と会食したという。

「ロッテに戻って来ないか」

彼はそう誘われたが、その日を最後に二度と重光と会うことはなかった。

なかには業者からリベートを受け取っているという嫌疑をかけられた末にロッテを去った者もいた。重光の覚えがめでたい者ほど妬まれ、疎まれ、追い詰められていく。

しかし、だからと言って、重光が特別身内に甘かった訳ではない。

ロッテが日韓国交正常化前に韓国進出を果たした際、社長を任せた重光のすぐ下の弟、轍浩は事件を起こし、ロッテを去った。三男の春浩は、重光と対立した後、辛ラーメンの農心を設立して独立した。韓国国内では兄弟まで放逐する重光の非情さを非難する論調もあった。十三年間ロッテに勤め、その後は製麺の製造・販売の会社を立ち上げた日本在住の四男、宣浩が語る。

「兄は愛情深いですが、兄弟には特別厳しいです。会社の人も非常にきつく当たるので、驚いていたくらいです。私も何度も意見が食い違い、衝突しました。『お前はクビだ。出て行け』という言葉は五十回も、六十回も聞きました。ただ、会社を出たら本人も忘れるし、こちらも忘れて、またロッテで働く。その繰り返しなのです。私はロッテにいる限り社長になれないと思い、自分で社長になりたくてロッテを出ました。ロッテの重光武雄の兄弟だと言えば、恩恵を受けられたかもしれませんが、それでは独立した意味がない。だから、しばらくは兄との関係を尋ねられても、『遠い親戚にあたる』と答えて誤魔化していました」

その後、重光がとくに目をかけていた一番下の弟、五男の俊浩も訴訟トラブルで九六年にロッテを離れた。韓国ロッテの副会長だった俊浩が、韓国のロッテ製菓の工場用地の所有権を巡り、名義の書き換えに応じなかったとして、重光が民事訴訟を起こしたのだ。

これで重光の兄弟はすべてロッテから姿を消した。後年になって重光は、三男の春浩や宣浩などを呼び出し、「兄弟が喧嘩をするのはよくない。仲良くやろう」と話し、ロッテの株を十三％ずつ分けることを提案した。しかし、農心で成功を収めていた春浩は、「自分は兄さんの金をもらわずにここまでやって来た。だから要らない」と席を立ち、物別れに終わったという。

幾多の伝説が独り歩きし、ロッテ内部でさえ、〝重光武雄〟の実像は謎のままだった。入社式や退社式に出ることもなく、経済人として評価を受け、業界紙や専門誌から賞を授与される式典も「お前が行って来い」と宏之に代理で出席させた。「ロッテは社長が入社式にも来ないらしい」という噂は、入社希望の就活生にも伝わっており、過去には真偽を確認し、実際に重光が出席しないと分かると、内定を辞退する者もいたという。

徹底した秘密主義。それは株主の干渉を受けないためにあえて非上場を貫き、表に出ることを極力避けた重光が望んだ結果でもあった。

ロッテの元社員の一人は、知人から「おたくの会社の社長は韓国人だから日本語が喋れないのか」と言われ、悔しい思いをしたことがあるという。

「総括会長（重光のこと）と言葉を交わしたことがある社員はごく一部です。全社員の五％くらいでしょうか。ほとんどが顔を知っているだけで、定年退職するまで口を利く機会もないのですが、稀に一社員が声を掛けられることがある。例えば新商品の最終的な決裁をする総括会長会議では、一度商品についての意見をもらい、『次までにこの点を直せ』と指摘があれば、次に総括会長が日本に来る二カ月後に再度提案します。その時に総括会長が幹部を飛び越えて、顔を覚えている一社員に向かって、『君、あれはどうなった？』と直接声を掛けるのです。社員は多忙のなか自分を覚えていてくれたことに感銘を受け、『総括会長はすべて見ている』と、その存在がますます神がかっていったのです」

基本的に社員の採用は日本と韓国は別に行なわれていたが、日韓でビジネスを展開している以上、一定の交流はあった。元常務の松井は、韓国ロッテの発展を支えた幹部から苦しい胸の内を明かされたことがあるという。

「重光から『日本の管理職は信用できるが、韓国の管理職は信用できない』と言われたそうです。会社への帰属意識や国情の違いもあると思う。重光の指示で、韓国の社員に技術指導を施し、時には機密資料も渡しました。ところが、彼らのなかには帰国後にその資料を持ったまま転職する社員がいた。逆に、日本のロッテ社員は帰属意識が強く、重光もそれが自慢だった。外部の人に対して『朝から晩まで会社のことを考えている奴らの集団ですから』とロッテのことを説明していました」

松尾は重光のことを「日本をよく知る韓国の愛国者」と表現した。日本人の心情や帰属意識をよく理解しているからこそ、「日本は官僚組織が立派だ。韓国は日本に追いつけない。韓国にはこれほど立派な官僚組織はない」と分析し、冷静に二つの国をみていた。そのうえで、傍観者でいることを潔しとしなかった。朴正煕政権時代、韓国の閣僚はまだ年若く、日本の老獪な閣僚や企業人と面談することに気後れを感じ、重光に泣きついてくることが度々あった。そこで重光がつなぎ役となり、段取りを整えて一緒に会っていたが、そのことは一切口外しないよう弟の宣浩に厳命していた。

確かに沈黙は美徳ではある。だが、時にその重光の曖昧な態度が、周囲に疑心暗鬼を芽生えさせ、取り返しのつかない結果をもたらす。

それが最も顕著な形で現れたのが、二〇一四年秋から始まる、息子二人による経営権争いだった――。

二〇一四年十月二十九日、ロッテホテルの執務室で行なわれた定例の事業報告で、重光はこう声を荒らげた。

「宏之をクビにしろ。宏之の家はいくらだ。家を担保にしてでも返済させろ」

この日、重光はロッテＨＤの社長を務める佃孝之社長から、宏之が子会社を使って手掛けた新規事業に約八億四千万円を投じ、回収不能に陥っていると報告を受けた。資金管理の杜撰さや事業の失敗、宏之の問題点について聞かされ、怒りに火がついたのだ。

佃氏は住友銀行出身。ロンドン支店長時代、現地を訪れた重光と会食する機会があり、その際にロッテワールド東京の事業計画について意見を求められ、中止を進言したという。初対面にもかかわらず忌憚ない意見を述べたことが好意的に受け取られ、重光が数年掛けて口説いた人物だった。社長として迎えられたのは二〇〇九年七月だったが、当初は、ロッテＨＤを宏之にバトンタッチするまでのワンポイントリリーフとみられていた。

しかし、ロッテに異分子が入り込んだことで、昭夫は嫌悪感を募らせた。

昭夫が佃について重光に送った手書きのメモには〈色々な話をしている時でも、今だに「私は菓子はしろうとで良く分かりません」と言う発言をされます。ロッテに来てから4年近くなるのに「しろうと」では勉強不足と言わざるを得ません〉（二〇一三年一月二十四日付。原文ママ）とある。会議でも厳しい発言で佃を追い詰めたが、その関係が翌年には一変する。二人は急接近し、そこに昭夫の韓国でのM&Aビジネスの右腕である三和銀行出身の韓国ロッテCFO（最高財務責任者）、小林正元氏が加わり、昭夫を後押しする体制が出来上がるのだ。それは権力闘争の始まりだった。

重光は佃からの報告によって、宏之が新規事業への投資を独断で決裁し、多額の損失を出していたと理解した。当然、宏之にも説明を求めた。だが、三年前からロッテ商事の社長を務め、全国を飛び回る宏之はなかなか姿を見せず、翌月の事業報告でも重光の怒りは収まらなかった。十二月十七日、呼び出しを受けた宏之は、ついに重光から〝解任〟を告げられる。

その二日後にはロッテHDの役員に召集がかかり、ソウルで佃や小林が宏之解任の経緯を説明した。翌週には日本にいるハツ子に、佃の名前で宏之が解任に至った経緯を綴った文書が届けられた。そこには〈総合的に判断してロッテのために総括会長が解任をご決断されたと理解しております〉（二〇一四年十二月二十四日付）と記され、ハツ子からも宏之に辞任を促すよう要請がなされている。手際よく進められた手続きによって、宏之は子会社一社の問題でロッテHD、さらにはグループ各社の役職から次々と外されていく。その数は実に二十六社。それは昭夫を担ぐグループによる〝クーデター〟の様相を呈していた。

二〇一五年一月、ロッテHDは宏之の副会長解任を正式に発表。内紛劇の一端が初めて公になった。ロッテを追われた宏之は、ロッテHDの筆頭株主で、創業家の実質的な資産管理会社である「光潤社」を抑えていたことで辛うじて復帰に望みをつないだ。

重光は当初、誤解を解こうと何度も接触を試みてくる宏之を相手にしなかった。しかし、次第に態度を軟化させ、説明を受けるうちに新規事業は決して宏之の独断で進めた訳ではないこと、逆に昭夫氏が主導した韓国ロッテの中国事業で一千億円規模の巨額損失が出ていることを知った。ここから事態はさらに拗れていく。

七月三日、重光はソウルの執務室に佃と小林を呼んだ。途中からは昭夫も同席したが、その場には宏之、長女の英子、そして弟の宣浩も立ち合った。その時の様子が録音されている。

重光「社長（重光のこと）が耄碌《もうろく》しているから何をやってもいいと思ったんだろ」

佃「そんなこと、私はゆめゆめありません。もし会長がそんな風に思ったのなら」
重光「もういい、それ。言い訳はいいから。ただ僕はあなたと喧嘩したくないの。だからとにかく今日を限りに辞めてちょうだい」
佃「分かりました。はい、わかりました。残念でございますが」

その五日後、重光は改めて昭夫を執務室に呼び、中国事業の損失について問い質した。

重光「毎年百億くらい損しているんじゃないか？」
昭夫「ええ、はい。これはでも、毎年と言ってもまだ出て平均って、一年半ですから。一応中国では七年かかります、黒字化するのに」
重光「一年半だったら、そんなに百億も損をしていいわけ？」
昭夫「それはもうできるだけ少なくしないといけないんですけれども。中国の場合は」
重光「何なのいったい。常識持っているのか？」
昭夫「はい。中国の事業は必ず私が責任を持って片付けます」

重光「責任を持って？」
昭夫「はい」
重光「お前が責任持てるか！　バカ野郎！」

長いやり取りが終わった後、昭夫は「誤解がありまして、申し訳ありませんでした」と謝罪し、部屋を後にした。しかし、その舌の根も乾かぬ十日後、ロッテHDは副会長の昭夫に代表権を付与する。それは昭夫が韓国だけでなく、日本のロッテをも掌握することを意味していた。昭夫と一蓮托生の佃もまた、社長の座から下りることはなかった。

昭夫が、偉大なる創業者である父に初めて弓を引いた瞬間だった。それを知った重光は「全員刑務所にブチ込め」と側近らに声を荒らげたという。

そして七月二十七日、経営権争いは〝天王山〟を迎える。重光は事態を収めるべく、宏之に車椅子を押され、最後の来日を果たした。慌てた昭夫側は、西新宿にあるロッテHD本社の十一階の社長室に籠城。会社の実印をロッカーに隠し、鍵を持ち去った。

そこで重光は本社五階の社員食堂に社員を集めた。車椅子姿の重光が姿を現し、

「宏之をよろしく頼む」と声を発すると、その場にいた約三百人からは拍手が巻き起こったという。だが、伝説の創業者にはすでに往時の迫力はなく、衰えは明らかだった。

翌日、昭夫率いるロッテＨＤは取締役会を開き、重光の代表権を取り上げ、名誉会長に棚上げした。

その頃韓国では、ロッテ批判の声が日に日に高まっていた。財閥五位のロッテが日韓を跨ぐ歪な二重構造になっており、韓国ロッテを事実上支配しているのは日本ではないかとの声が渦巻いていたのだ。一部では不買運動も起こった。韓国国民の多くはロッテの辛一族が〝重光姓〟を名乗っていることすら知らなかったため、騒動の渦中に重光と宏之が日本語で話す録音データが公開されると、ロッテは日本企業ではないのかと、論争にも一層拍車が掛かっていった。

昭夫は批判を封じるべく、辛東彬として韓国メディアに対応し、「ロッテは韓国企業だ。九十五％の売上げが、わが国（韓国）で生まれている」と高らかに宣言した。対する宏之は、光潤社の社長として株主提案し、父親と自身の取締役復帰や昭夫の解任などを求めてきたが、いずれも否決。その後は主導権を握った昭夫側との法廷闘争へと発展していく。

泥沼の「お家騒動」は、ロッテに大きな傷跡を残す。追い打ちをかけたのが、暗殺された朴正熙元大統領の長女、朴槿恵《パククネ》の大統領在任中の裏金疑惑を巡る捜査である。ロッテは時を超えて再び朴正熙一族に翻弄されていく。

彼女は大統領権限を乱用し、親友の崔順実《チェスンシル》の国政介入を招いたうえ、国内の財閥などから巨額の賄賂を受け取っていた。その過程で、ロッテにも捜査のメスが入り、二〇一六年六月十日には韓国検察が二百人超の捜査員を動員して、大々的な家宅捜索を行なった。押収された昭夫のメモ帳には、経営権を巡る争いについて、宏之に〈ピエロの役割をさせる〉といった記述や来日した重光が翌日の取締役会に出席できないよう〈一日中シャッターを降ろす〉〈入口は一ケ所に限定〉〈ガードマンの増員〉と入念な準備を整えていたことも書き込まれていた。

韓国の検察当局が、殊更にロッテを攻撃したのは、経営権争いにより内部情報がとりやすくなるうえに、前政権である李明博《イミョンバク》大統領との〝特別な関係〟を疑っていたからだ。その癒着の象徴が、重光が晩年の夢を託した「第二ロッテワールド」である。ソウル南東部に百二十三階建ての巨大商業施設として建設中だったロッテワールドタワーを擁する第二ロッテワールドは、許認可を巡ってロッテの長い〝政界工作〟の歴史があった。

建設予定地だった約二万六千坪の土地の取得は全斗煥政権時代だった。もともとはソウル市が所有する遊休地だったが、一九八七年十二月に電撃的にロッテに格安で払い下げられた。

世界一の高さを誇る超高層タワーの建設を望んだ重光は、その後の盧泰愚政権、金泳三政権にも百階を超えるタワーの建設許可を求めて様々なアプローチを繰り返してきた。

政権とのパイプ作りの延長戦上では、政界再編の舞台回し役を務めたこともある。盧泰愚政権時代に政策補佐官だった朴三彦は、韓国で出版した回顧録の中で重光が、一九九〇年に当時金泳三をトップに頂く統一民主党と金鍾泌が最高顧問を務めた新民主共和党、そして盧泰愚の民主正義党による三党合併に、仲介役として重要な役割を果たしたと明かしている。重光は韓国政界でも財界の重鎮として存在感を発揮するようになっていたのだ。

一九九〇年三月のロッテワールド・マジックアイランドの開園式には、福田赳夫元首相や中曽根康弘元首相とともに、韓国側からは金鍾泌と一九九八年に大統領に就任する平民党総裁の金大中も出席している。重光は、その後も韓国政府の中枢と関わり続けた。

それでも手に入れることができなかった第二ロッテワールドの建設許可を、重光にもたらしたのは李明博だった。李は、高層のロッテタワーは軍用機の飛行に影響が出るとして反対の姿勢を崩さなかった空軍の幹部を更迭。建設に向けた障害が次々と取り払われたことで、ロッテは当初予定の百十二階から百二十三階に修正したうえで、二〇一一年に着工に入った。

李明博と重光との蜜月に切り込んだ検察当局の捜査が熾烈を極めるなか、韓国ロッテのナンバー2だった李仁源《イインウォン》副会長が事情聴取を前に自ら命を絶った。捜査の矛先は次第に、ロッテグループの内部の不当な資産取引疑惑にシフトし、横領や背任などに焦点が置かれた。重光自身も二時間にわたって事情聴取を受け、長女の英子はロッテ免税店への出店を希望する業者からリベートを受け取っていたなどとして逮捕された。その後は宏之と重光の第三夫人である徐美敬、重光本人も在宅起訴される事態となった。日韓のロッテのトップに立った昭夫は一旦在宅起訴で逮捕を免れたが、その後、朴槿恵大統領への贈賄容疑で再び在宅起訴。懲役二年六カ月、追徴金七十億ウォンの実刑判決を受け、収監された。控訴審で執行猶予判決を勝ち取り、約八カ月ぶりに保釈されたが、ロッテは一時、指揮官不在の前代未聞の経営を強いられ、瀕死の状態に陥った。

ロッテへのダメージは検察当局の捜査だけにとどまらなかった。二〇一六年に韓国国防省が、米軍の最新鋭地上配備型迎撃システム「THAAD（サード）」を空軍基地からロッテグループ系列のゴルフ場に変更したと発表。これに対し、中国当局は高性能レーダーが中国軍の動向を監視するものだとして配備に反発した。そして政府の要請に応じて土地を提供したロッテの国内法人に対して税務調査や輸入時の検査強化で報復を始めた。ロッテは中国に二十四の系列会社が進出しており、この影響で百十五店舗あるロッテマートは次々と営業停止に追い込まれ、五店舗あるロッテ百貨店も凄まじい不買運動に晒されることになった。

さらに、報復措置の一環として、重光が夢を膨らませ、中国・瀋陽で建設中だったロッテワールドにも突然の工事中止命令が下った。四川省成都でも中国版第二ロッテワールドの計画を進めていたが、これも頓挫し、中国を舞台に描いた青写真が音を立

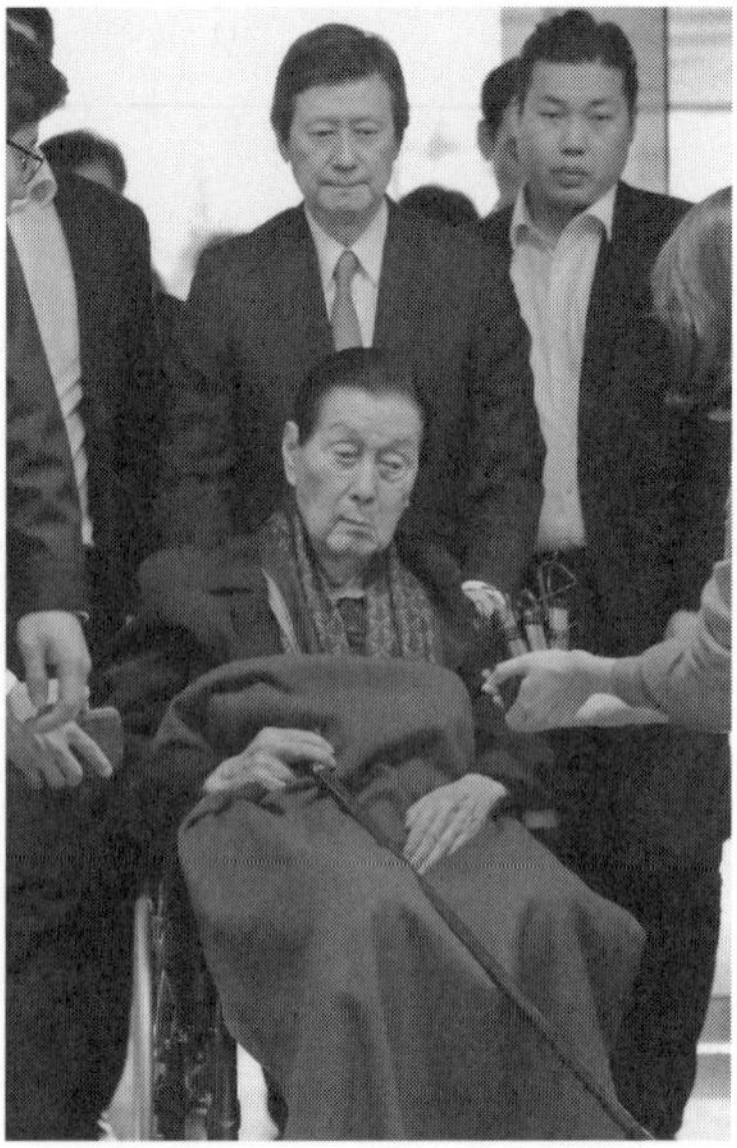
二〇一七年十二月、ソウル中央地裁に車椅子姿で現れた重光（時事通信提供）

ててすべて崩れ去った。経営権争いに加え、検察当局の捜査、そしてサード配備による中国政府の報復という、十年前には想像もしなかった〝三重苦〟だった。

辛うじて夢をつないだ百二十三階建ての「ロッテワールドタワー」がグランドオープンを迎えたのは、二〇一七年春のことである。その開業を約二週間後に控えた重光は、被告として車椅子で初公判に姿を現した。本人は認知機能にも衰えが見られる様子で、「ここはどこだ」などと状況が理解できていない言葉を残し、三十分ほどで法廷を後にした。

かつて鉄壁の守りで、重光を支えた側近たちが去り、誰も彼のことを身体を張って守る者はいなくなっていた。息子二人の争いは、重光が晩年のほとんどを過ごしたロッテホテル三十四階の部屋を巡っても行なわれ、改修工事を理由にロッテワールドタワーに新たな部屋を用意した昭夫に対し、改修工事後は以前の部屋に戻すよう求めた宏之の狭間で、車椅子の重光はただ、翻弄されるだけだった。かつてオーダースーツを着こなしていた彼は、ある時期からは擦り切れて穴の開いたカーディガンを手放さず、秘書がデパートの外商を呼び、高級なカーディガンを勧めても決して手に取ろうとはしなかったという。

弟の宣浩は若き日の兄について、「運がいいというだけでは説明がつかない。やることすべてがうまく行き、世の中は兄を中心に回っているようにみえた」と振り返った。重光は「俺は間違いない判断をする」と常々誇らしげに弟に語ったが、晩年には「年を取ったことが罪だ」という言葉を度々口にした。

刑事裁判を最高裁まで争った重光は、二〇一九年十月に懲役三年の実刑判決が確定した。健康上の理由で収監は見送られたが、その三カ月後、彼はソウル市内の病院で、静かに息を引き取った。

韓国南東部、蔚山――。

九十八年の生涯を閉じた重光は、こよなく愛した故郷の地に埋葬された。奥まった雑木林にひっそりとある土饅頭のような墓地。当初は「辛一族」の墓として他の財閥創業者と遜色ない立派な墓所を計画し、土地も確保したが、造成直前に地元自治体か

故郷・蔚山にある重光の墓。日韓にまたがる大財閥の創業者のものとは思えぬ質素な造り（宏之氏提供）

ら許可を取り消されたという。重光が毎年心待ちにしていた地元の集まりは、二〇一三年にホテルの部屋で転倒し、怪我をしてからは足が遠のき、翌年のセウォル号沈没の大惨事以降は開かれることもなくなった。顔見知りも亡くなっていき、催しそのものの意味が薄れたことも理由の一つだった。

ロッテグループはその後、二〇一九年に日韓の連結決算で初の赤字に転落し、二年後には赤字額が過去最大の一千億円にまで落ち込んだ。経営トップの昭夫は「過去の成功体験はすべて捨てる」と公言し、リストラにも手を付けて何とか底を脱したが、依然として厳しい状況にある。

二〇二二年十一月には、資金難に陥った韓国ロッテグループのロッテ建設に、昭夫自ら約十二億ウォン（約一億二千五百万円）の私財を投じたと現地紙に報じられた。グループ会社からの借り入れも膨らみ、一時は先行きを危ぶむ声も聞かれた。一方、日本のロッテに目を移すと、コロナ禍で飲食業が軒並み売り上げを落とすなか、テイクアウト需要があるファーストフードチェーンの堅調の波に乗り、業績が上向いていたロッテリアの売却が発表され、大きな波紋を呼んだ。ロッテリアは二〇二三年四月から外食大手のゼンショーホールディングス傘下となり、ブランド名は一定期間継続されるものの、五十年の歴史に一つの区切りをつけた。

「社員の生活を守る」が口癖で業績が悪化しても人員削減だけはしなかった重光が作り上げたかつてのロッテの面影は、もはやそこにはない。宏之の解任劇の発端となったロッテの子会社を巡る損害賠償訴訟は、原告の昭夫率いるロッテ側が約九億六千万円の支払いを求め、一審では宏之側に約四億八千万円の支払いが命じられた。控訴審では、判決直前の今年三月十四日に、宏之側が六千万円を払うことで和解が成立。両者にとって、もはやこの裁判を続けて白黒はっきりさせることの意味も薄れていたのかもしれない。その分厚い裁判資料を閲覧すると、宏之の住所はシンガポールに移されており、日本と韓国、そしてシンガポールの三拠点生活を送っている様子が窺えた。事ここに及んで、重光一家が元の鞘に収まる可能性は限りなくゼロに近い。

重光が長い年月をかけて作り上げた政治人脈も息子の世代には、似て非なるものに変化していた。

二〇一五年十一月二十八日に帝国ホテルで行なわれた昭夫の長男の結婚披露宴には、経営権問題で対立関係にあった重光や長男の宏之の姿はなかったが、当時の菅義偉官房長官、塩崎恭久厚労相、二階俊博自民党総務会長ら大物がズラリと顔を揃え、森喜朗元首相も駆け付けた。そして約四百七十名の招待客を集めた盛大なパーティーの最大の目玉として、遅れて姿を見せたのは、時の首相、安倍晋三だった。昭夫はその年の六月に首相官邸に安倍を訪ね、出席を要請しており、当日安倍はスピーチも行なっている。

重光家と安倍家の関係は、重光と岸信介や安倍晋太郎との親交から始まり、同学年の晋三と昭夫も家族ぐるみの付き合いを続けたが、そこには肝胆相照らすほどの親密さは窺えなかった。

この時の結婚披露宴の主役、昭夫の長男は、父親と同じルートを辿り、野村證券時代にコロンビア大学でＭＢＡを取得してから、二〇二〇年に日本のロッテに入社した。いわば、この日は将来のロッテを任せる後継者のお披露目の意味もあったのだろう。しかし、それは到底重光が好むやり方とは思えなかった。

在日韓国人の企業家のなかでは、阪本紡績の阪本栄一が朴正熙、新韓銀行を設立した関西興銀の李熙健《イヒゴン》が全斗煥、マルハンの韓昌祐が金泳三と関係を築き、各々が有力な支援者となって時の権力者の寵愛を受けた。しかし、重光は違う。韓国大統領が替わるたびに、そこにつながる太いパイプ役をみつけて歴代大統領のほぼすべてとつながりを持った。彼は事業家として最も成功した在日一世であり、ロッテを韓国で第五位の財閥グループに押し上げ、韓国近代化の礎を築いた。その足跡は、日本と韓国を跨ぐ〝政商〟そのものだったが、重光は一経営者としての軸足を決して見失うことはなかった。身を切るような貧乏から這い上がり、戦後の日本で、悪名をものともせず、金儲けに徹して事業に邁進した小佐野賢治のような昭和の〝政商〟とは一線を画した。

そこには、日韓の相克を背負ったものでなければ分からない重みがあるが、一連の経営権争いは、その彼の功績を酷く薄めた印象に貶めるものだった。

彼が望んだ夢の架け橋は、ついに架かることはなかった。残骸として置き去りにされた〝二本の柱〟に道が通り、あのロッテワールド東京が完成していれば、彼の日本での印象と、その晩年はまた違ったものになっていたに違いない。日本のロッテが、韓国を経て世界に広がったように、彼の夢はその先を見据えていた。

「僕みたいな人間と付き合うのは大変だろう」

重光の側近だった松尾は、かつて彼が呟いた言葉を思い出す。

重光が人に対して不遜な態度をとることはまずなかったが、意のままにならないことがあると、側近にはありのままの感情をぶつけた。日韓でプロ野球球団のオーナーでありながら、「選手はなぜ会社の言うことを聞かないんだ」と選手を社員と同じに捉え、不満を滲ませた。部下と意見が衝突しても、最後には「僕の言うことが聞けないのか、君は。出て行け」が決め台詞だった。しかし、少しすると電話が鳴り、「社長がお呼びです」と声がかかる。社長の部屋に行くと、「座れ。君の意見も分からんでもない」と譲歩する姿勢をみせるのだ。不器用で、面倒な性格だった。

二〇一五年七月、経営権争いの渦中に、急遽来日した重光を日本で出迎えたのは、元秘書室長の磯部だった。久し振りに会う元部下に、重光はこう切り出した。

「お前、人生で一番大切なことは何か知っているのか？」

それは、いつもの禅問答だった。重光は近しい人に対し、教訓めいた問いを投げ掛けることがよくあった。

「それはな、誠実だよ」

重光は誠実に仕事や生活に取り組むよう、常に説いた。そして、こう続けたという。

「仕事って楽しいだろ？　目標を持って課題に取り組んでいると、こんなにも仕事って楽しいものかと思うはずだ」

八十三円を握りしめて海峡を渡った白眉の青年が見た壮大な夢は、記憶の彼方に消えようとしている。

本書は週刊ポスト二〇〇一年二月五日号から三月一二日号に掲載された連載「シンと重光」に、その後の追加取材の内容も含め、大幅に加筆・修正してまとめたものです。

重光武雄とロッテ　関連年譜

（西暦）	重光武雄とロッテ	日本と韓国の出来事など
1921年	10月4日　辛格浩（重光武雄）、慶尚南道蔚州郡で誕生	
1938年	蔚山公立農業学校卒業	
1939年	12月　盧舜和と結婚（1951年に死別）	
1941年	関釜連絡船に乗り、渡日	
1943年	4月　早稲田高等工学校応用化学科入学	
1945年		8月15日　第二次世界大戦が終結
1946年	5月　杉並区荻窪にひかり特殊化学研究所を創立	
1947年	4月　チューインガムの製造を始める	
1948年	6月　株式会社ロッテを設立	
1950年	3月　新宿区百人町に本社を移転	
	9月　竹森ハツ子と結婚	
1953年	11月　ミスロッテ応募イベントを実施	7月27日　朝鮮戦争の休戦協定が成立
1954年	1月　長男・宏之誕生	
1955年	2月　次男・昭夫誕生	
1957年		2月　岸信介内閣が発足
1958年	5月　「ロッテ歌のアルバム」の放送開始 韓国ロッテ設立	

1961年	4月	「天然チクルセール」1000万円懸賞を実施	5月	朴正熙が軍事クーデターで国家再建最高会議議長に就任
1962年	4月	在日韓国商工会議所の顧問として帰郷		
1963年			12月	朴正熙が大統領に就任 李厚洛は秘書室長に任命される
1964年	2月	浦和工場が完成し、チョコレート事業を開始	10月	アジア初開催となる五輪が東京で開かれる
1965年			6月	日本と韓国が「日韓基本条約」に署名、日韓国交正常化へ
1967年	4月	韓国にロッテ製菓を設立		
1969年	1月	ロッテオリオンズ誕生		
1970年			12月	駐日大使として赴任していた李厚洛がＫＣＩＡ部長に就任
1973年			8月	ホテルグランドパレスで、金大中拉致事件が発生する
1974年			8月	朴大統領夫人、陸英修が光復節式典で狙撃され、死亡
1976年			7月	ロッキード事件で田中角栄前首相が逮捕
			10月	米紙が韓国政府による対米議会工作 「コリアゲート事件」を報道
1979年	3月	韓国最大のホテルロッテがソウルにオープン	10月26日	ＫＣＩＡ部長の金載圭が朴正熙大統領を暗殺
	12月	ロッテショッピングセンター（ロッテ百貨店）がソウルにオープン	12月12日	国軍保安司令官だった全斗煥らが粛軍クーデターを起こす
1981年			9月	光州事件（5月）を経て、全斗煥が大統領に就任
1982年			11月	中曾根康弘内閣が発足
1984年		ロッテが製菓業界で売り上げトップに	3月	江崎グリコの社長が誘拐され 「グリコ・森永事件」が始まる

1988年	8月	ソウルのロッテホテル新館が開業	2月	盧泰愚が大統領に就任
			9月17日	ソウル五輪が開幕
1989年	7月	ソウルのロッテワールドがグランドオープン	1月7日	昭和天皇崩御
1991年	11月	ロッテ球団の名称を「千葉ロッテマリーンズ」に変更		
1997年	12月	ロッテワールド東京の建設計画を正式発表		
2001年	2月	ロッテワールド東京、着工延期		
	5月	長男・宏之と次男・昭夫が、副社長に就任		
2002年			5月	日韓ワールドカップ・サッカー大会を共同開催
2009年	7月	ロッテHDの会長に就任		
2015年	1月	ロッテHDの臨時株主総会で長男・宏之が取締役解任		
2017年	4月	123階建てのロッテワールドタワーがソウルで開業	3月	韓国検察が大統領を罷免された朴槿恵を逮捕
2019年	10月	実刑判決（懲役3年）確定。健康上の問題で執行停止		
2020年	1月19日	ソウルで死去（享年98）		

主要引用・参考文献

〈単行本など〉

・『ロッテのあゆみ30年』（ロッテ／1978）
・『ロッテ50年のあゆみ』（ロッテ／1998）
・藤井勇『ロッテの秘密』（こう書房／1979）

・松崎隆司『ロッテを創った男　重光武雄論』（ダイヤモンド社／2020）
・柳町功『ロッテ創業者　重光武雄の経営　国境を超えたイノベーター』（日本経済新聞出版／2021）
・金璡『ドキュメント　朴正熙時代』（亜紀書房／1993）
・金鍾泌『金鍾泌証言録』（新潮社／2017）
・小針進編『崔書勉と日韓の政官財学人脈――韓国知日派知識人のオーラルヒストリー』（同時代社／2022）
・橋本明『韓国研究の魁　崔書勉』（未知谷／2017）
・朴一『在日マネー戦争』（講談社＋α文庫／2017）
・溝上憲文『パチンコの歴史』（晩聲社／1999）
・許永中『海峡に立つ　泥と血の我が半生』（小学館／2019）
・韓昌祐『十六歳漂流難民から始まった2兆円企業』（出版文化社／2008）
・岩川隆『巨魁　岸信介研究』（ダイヤモンド社／1977）
・原彬久『岸信介――権勢の政治家』（岩波新書／1995）
・工藤美代子『絢爛たる醜聞　岸信介伝』（幻冬舎文庫／2014）
・佐藤榮作『佐藤榮作日記　第三巻』（朝日新聞社／1998）
・大野伴睦『大野伴睦回想録』（中公文庫／2021）
・竹森久朝『見えざる政府　児玉誉士夫とその黒の人脈』（白石書店／1976）
・有馬哲夫『児玉誉士夫　巨魁の昭和史』（文春新書／2013）
・大下英治『梟商　小佐野賢治の昭和戦国史』（講談社／1990）
・城内康伸『猛牛と呼ばれた男「東声会」町井久之の戦後史』（新潮社／2009）
・ロバート・ホワイティング『東京アンダーワールド』（角川書店／2000）
・春名幹男『秘密のファイル　CIAの対日工作』上下巻（新潮文庫／2003）

・朴哲彦『日韓交流　陰で支えた男　朴哲彦の人生』(産経新聞ニュースサービス／2005)
・日韓関係を記録する会『資料・日韓関係Ⅱ　人脈・金脈・KCIAの実態』(現代史出版会／1976)
・金忠植『実録KCIA　南山と呼ばれた男たち』(講談社／1994)
・文明子『朴正煕と金大中　私の見た激動の舞台裏』(共同通信社／2001)
・山本峯章『国益を無視してまで商売か』(日新報道／1980)
・菅沼光弘『ヤクザと妓生が作った大韓民国　日韓戦後裏面史』(ビジネス社／2015)
・竹中明洋『殺しの柳川　日韓戦後秘史』(小学館／2019)
・金大中先生拉致事件の真相糾明を求める市民の会『金大中拉致事件の真相』(三一書房／1999)
・古野喜政『金大中事件最後のスクープ』(東方出版／2010)
・森省歩『田中角栄に消えた闇ガネ「角円人士」が明かした最後の迷宮』(講談社／2013)
・共同通信社社会部編『沈黙のファイル「瀬島龍三」とは何だったのか』(新潮文庫／1999)
・藤井通彦『秋山英一聞書　韓国流通を変えた男』(西日本新聞社／2006)
・山室寛之『1988年のパ・リーグ』(新潮社／2019)

〈新聞・雑誌記事など〉
・朝日新聞1988年6月5日から7月17日まで全7回「夢はペパーミントの香り」
・日刊ゲンダイ1979年4月7日「社長の私生活　重光武雄」
・沢開進「六億円をポイッと投げだした男――ガムの王様・重光武雄さんのこと――」(「潮」1969年5月号)
・勝田健「ロッテ王国、〝秘密主義〟経営の徹底解剖」(「宝石」1975年2月号)
・吉原公一郎「福田内閣閣僚　〝朴政権〟交際地図」(「宝石」1977年3月号)
・中村長芳「岸信介に仕えた三十五年」(「文藝春秋」1987年10月号)

・前川恵司「『在日』の英雄・ロッテ重光武雄伝」(「文藝春秋ノンフィクション」1987年4月号)
・佐瀬稔「『重光武雄』の知られざる経営力」(「宝石」1988年3月号)
・田中幾太郎「ロッテ『引き裂かれる重光王国』」(「ZAITEN」2008年1月号)
・週刊現代1966年6月23日号「日韓会談の黒幕・町井久之氏の転身」
・週刊東洋経済1969年3月8日号「ロッテ　チョコレートで明菓に迫る」
・週刊ポスト1976年11月12日号「米議会にワイロを撒いた韓国人フィクサー　朴東宣の対日工作」
・週刊新潮1977年2月17日号「韓国ロビー『利権』25年　噂と陰謀が作った人名簿」
・週刊文春1977年7月7日号「陰の韓国大使館　湯島秘苑」
・週刊ポスト1977年7月15日号「李厚洛と日本政界の〝首領〟たち」
・週刊ダイヤモンド2004年9月11日号「知られざる巨大財閥　ロッテの全貌」
・日経ビジネス2005年7月18日号「ロッテ『韓流日式』の強さ」
・BOSS2004年11月号「韓国5位の財閥『ロッテ』重光武雄の『わがビジネス』」
・現代1975年12月号「韓国ロビーの構造と人脈」
・財界「日韓の〝ブリッジ経営〟に賭けるロッテ社長重光武雄」(1982年3月9日号)
・週刊ポスト1978年4月14日号「スクープ衝撃の告白『私は〝日韓版デヴィ夫人〟だった』」
・週刊ポスト1978年4月21日号「日韓版デヴィ夫人の告白記事が国会の質疑に登場!」
・経済界1975年10月号「〝運命の子〟重光武雄の苦渋と沈黙の道程」
・財界1979年3月1日号「石油化学に160億円投じたロッテ重光武雄〝大財閥の夢〟」
・サンデー毎日1986年7月27日号「『三千万円裏取引』を決断したロッテ7日間の苦悶と代償」
・中央公論1987年11月号「元KCIA部長李厚洛証言全訳　金大中拉致はすべて私がやった」

そのほか、朝日、読売、毎日などの各日刊紙の関連記事も参考にした。

西崎伸彦（にしざき・のぶひこ）

一九七〇年岡山県生まれ。立命館大学卒業後、『週刊ポスト』記者を経て、二〇〇六年から『週刊文春』記者となり、二〇二〇年一一月からフリー。経済事件を始め、幅広い分野で取材・執筆を行なっている。著書に『中森明菜　消えた歌姫』（文藝春秋刊）、『巨人軍「闇の深層」』（文春新書）がある。

編集＝山内健太郎

海峡《かいきょう》を越《こ》えた怪物《かいぶつ》

ロッテ創業者《そうぎょうしゃ》・重光武雄《しげみつたけお》の日韓戦後秘史《にっかんせんごひし》

二〇二三年四月二十九日　初版第一刷発行

著者　西崎伸彦《にしざきのぶひこ》
発行者　飯田昌宏
発行所　株式会社 小学館
〒一〇一-八〇〇一 東京都千代田区一ツ橋二-三-一
電話 編集〇三-三二三〇-五一二六
販売〇三-五二八一-三五五五
印刷所　凸版印刷株式会社
製本所　牧製本印刷株式会社

 ISBN978-4-09-380126-3